d

Georges Simenon — André Gide

Briefwechsel

Aus dem Französischen von
Stefanie Weiss

Diogenes

Der vorliegende Briefwechsel erschien französisch
erstmals in dem Band: ›Simenon‹ von Francis Lacassin
& Gilbert Sigaux, Paris: Plon 1973
Abdruck der Briefe von Georges Simenon
mit freundlicher Genehmigung des Autors.
Abdruck der Briefe von André Gide mit
freundlicher Genehmigung von
Mme Catherine Gide.
Den Anhang besorgte Claudia Schmölders.

Inhalt

Editorische Notiz

Die vorliegende Korrespondenz beginnt im Jahre
1938; Simenon war damals fünfunddreißig, Gide
neunundsechzig Jahre alt. Sie endet 1950; ein Jahr
vor Gides Tod. Nach Simenons Worten war dies
»so ungefähr der einzige regelmäßige Briefwechsel« in seinem Leben; »und immer war es Gide,
der meine Briefe provoziert hat«. (*Als ich alt war.*
Tagebücher 1960–1963. Diogenes Verlag: Zürich
1977. Eintragung vom 25. Juni 1960).
Sämtliche Briefe erscheinen hier erstmals deutsch.
Das im Anhang abgedruckte Zitat von Simenon
über Gide stammt aus einem Interview mit Carvel
Collins, aus dem Band *Writers at Work* (ed. by
Malcolm Cowley, Viking Press: New York 1958);
der Text von André Gide über Simenon ist im
Besitz von Georges Simenon.
Die Tagebuchnotiz ›Simenon über Simenon‹ ist
dem Band *Des Traces de pas* (Presses de la Cité:
Paris 1975) entnommen.

1. Simenon an Gide

Sneek[1]

Mon cher Maître,

ich habe zutiefst bedauert, daß ich Paris verlassen
mußte, ohne Sie gesehen zu haben. Schon seit langem habe ich mir nämlich ein Gespräch mit Ihnen
gewünscht, hatte jedoch nicht den Mut, Sie darum
zu bitten. Was Sie mir am Telefon zu ›Donadieu‹
sagten, hat diesen Wunsch noch dringlicher werden
lassen. Und nun werde ich vier Monate lang hier
sein und mich fragen, was Sie mir wohl zu sagen
gehabt hätten. – Vier Monate, in denen ich schreiben und mir dabei immer sagen werde, daß ich
bestimmt in irgendeiner Hinsicht etwas falsch
mache ... Aber leider mußte ich abreisen, und da
Sie das neue Jahr gleich mit einer großen Reise
beginnen werden, benutze ich meine erste Zwi-
schenstation, um Ihnen meine aufrichtigsten Wünsche zu übermitteln.

Nach Ihrer Rückkehr werde ich mir erlauben,

---

1 Sneek in der holländischen Provinz Friesland. Dieser erste Brief,
nicht datiert und auf einem Bogen mit Briefkopf *Hotel de Wijn-
berg* geschrieben, stammt wahrscheinlich aus dem Dezember 1938.

Sie um ein gelegentliches Gespräch zu bitten. Aber dann werden Sie den Kopf voll mit anderen Dingen und meinen mißlungenen Anlauf wegen ›Donadieu‹ vergessen haben.

Bitte lassen Sie mich Ihnen sagen, wieviel mir Ihre freundliche Reaktion auf meinen Anruf bedeutet hat. Die Idee, einen Romanstoff der Spalte ›Unglücksfälle und Verbrechen‹ einer Zeitung zu entnehmen, stammt nicht von mir, sondern von Marc Chadourne; ich habe sie ausgezeichnet gefunden. Vielleicht läßt sie sich realisieren? Auf jeden Fall, ›die, die bleiben‹ – das heißt, alle Welt außer Ihnen – müssen sich Anfang Januar wieder treffen.

Ihr sehr ergebener
G. Simenon

2. Gide an Simenon

1 *bis,* rue Vaneau, VIIe

Invalides 79–27

31. Dezember 1938

Mein lieber Simenon,

Ihr Brief kommt seltsamerweise wie eine Antwort auf den, den ich Ihnen nun seit mehreren Tagen schreiben will. Was mich immer wieder zögern ließ, war unter anderem die Frage: Warum ein Brief? Warum nicht eher ein Artikel? Aber ich habe gerade ganze zwölf Tage mit Grippe gelegen und fühle mich noch furchtbar elend und benommen. Deshalb zuerst der Brief; der Artikel soll, wenn möglich, folgen.

Ich habe gerade hintereinander neun Ihrer letzten Bücher gelesen; das heißt, alle Neuerscheinungen außer ›Chemin sans issue‹, ›Les Rescapés de Télémaque‹ und ›Touristes de Bananes‹[2] – es wird allmählich praktischer für mich, diejenigen Ihrer Bücher zu nennen, die ich *nicht* gelesen habe. Aber damit nicht genug: ich wollte tiefer in der Vergangenheit wühlen und habe aus der Fayard-Reihe, die ich mir komplett besorgt hatte, ›Le Fou de Bergerac‹ und ›Au rendez-vous des Terres-Neuvas‹ herausgegriffen, zwei Titel, die ich noch nicht

---

2 Verlags- und Jahresangaben der Titel, die hier und in der Folge erwähnt werden, finden sich in der Bibliographie im Anhang dieses Bandes.

11

kannte –, um mich davon zu überzeugen, daß sie zweifellos weniger gut sind als Ihre späteren, innerhalb der letzten zwei Jahre erschienenen Bücher, die ich hinreißend finde. Und zwar insbesondere ›Le Cheval blanc‹, mit dem ich gestern abend fertig geworden bin; gerade habe ich erst Jean Schlumberger, dann Roger Martin du Gard bestimmte Passagen daraus vorgelesen (so den außergewöhnlichen Dialog zwischen Arbelet und ›Onkel Felix‹, der mich einfach entzückt).

Sie waren so freundlich, in ›La Marie du Port‹ eine Widmung für mich hineinzuschreiben. Soll ich das so verstehen, daß Sie diesem Buch eine besondere Bedeutung beimessen? Daß Sie es als besonders geglückt ansehen? Ich kann es eigentlich nicht viel besser als die anderen finden. ›Le Suspect‹, ›Les Sœurs Lacroix‹, ›L'Homme qui regardait passer les trains‹ sind meiner Ansicht nach keineswegs niedriger einzustufen und wirklich vollauf geglückt ... Ich hätte da gerne eine Erklärung. Aber dann sage ich mir, daß Sie das vielleicht selbst nicht wissen, daß Sie beim Schreiben einem ungewöhnlich sicheren und disziplinierten Instinkt gehorchen – angesichts dieser straffen Formulierungen, der Dialogführung, ja, der nebensächlichsten Anmerkungen. Nie ist etwas überbetont; die Handlung fließt weiter, und der Leser hat eben Pech, wenn er nicht alles mitbekommen hat.

Was ich jedoch in meinem Artikel besonders herausstellen möchte, das ist die eigenartige und zugleich weitverbreitete Fehleinschätzung Ihrer Persönlichkeit. Sie gelten als Volksschriftsteller, aber Sie wenden sich keineswegs an die breite Masse. Schon allein die Themen Ihrer Bücher, die feineren psychologischen Probleme, die Sie aufwerfen – das alles ist für einen Leser geschrieben, der zu differenzieren weiß, und zwar gerade für den Leser, der, ehe er etwas von Ihnen gelesen hat, denkt: Simenon, das ist nichts für mich ... Und in meinem Artikel möchte ich nun gerade diesen Leuten sagen, daß sie sich irren. Aber ich fühle mich noch zu benommen und zerschlagen, um so etwas in angemessener Weise darlegen zu können. Seien Sie einstweilen jedenfalls davon überzeugt, daß Sie keinen aufmerksameren und vernarrteren Leser haben als

André Gide

Paris, 6. Januar 1939

Mein lieber Simenon,
ich bin der Auffassung, daß ein Buch dann gut auf-
gebaut ist, wenn alle Fäden der Geschichte dazu
beitragen, *eine Figur* zu zeichnen. Ich meine damit
keineswegs die eines Helden, sondern die des dramatischen Geschehens selbst. Sicher, es gibt sehr
schöne Bücher, die überhaupt keinen Aufbau haben. Aber vor allem der Aufbau dürfte der Grund
sein, warum ich Ihre Bücher so großartig finde –
die meisten jedenfalls; ›Le Testament Donadieu‹
nicht. ›Le Cheval blanc‹ hat eine ganz eigenartige
Komposition – ähnlich einem Musikstück, wobei
am Ende das Anfangsthema, angereichert, wieder-
aufgenommen wird: die im Lauf der Erzählung
eingeführten Themen werden zu einem Schluß-
akkord aufgearbeitet. Es sieht so aus, als ob Sie in
Ihren Büchern nichts in der Schwebe lassen können.
Das ist besonders auffallend in ›Long cours‹ (ich
habe gestern die Lektüre beendet), wo das schein-
bar Zusammenhanglose der breit angelegten aben-
teuerlichen Geschichte Sie zum Abschweifen an-
regt und wo doch zugleich nichts zuviel ist – da ist
keine Episode, so zufällig sie auf den ersten Blick
auch anmuten mag, kein Dialog und noch nicht
einmal eine Landschaftsbeschreibung, die *nicht*

14

eine Rolle spielte und nicht früher oder später eine tragende Funktion zur Herstellung des Zusammenklangs (beziehungsweise des abschließenden Mißklangs) hätte.

Nun wüßte ich gern (und das beschäftigt mich sehr, mein lieber Simenon), ob es sich dabei um das Resultat fortgesetzter Überlegung handelt oder (was ich eher glauben möchte) um das natürliche Ergebnis einer plötzlichen und ungewöhnlichen Eingebung. Vielleicht wird es mir vergönnt sein, mich eines Tages länger mit Ihnen darüber zu unterhalten. Offen gesagt verstehe ich nicht recht, *wie* Sie Ihre Bücher konzipieren, aufbauen, schreiben. Für mich liegt darin ein Geheimnis, an dessen Klärung mir sehr gelegen ist. Ich bin einem Phänomen gegenüber skeptisch (und für mich sind Sie eines) und finde keine Ruhe, bis es mir gelungen ist, es zu erklären.

Betrachten Sie das alles als ein Postscriptum zu meinem Brief von vorgestern. Für gewöhnlich bin ich zurückhaltender, und ich weiß selbst nicht, wie ich dazu komme, Ihnen so ausführlich zu schreiben.

Ihr aufmerksamer
André Gide.

P.S. Ich lese gerade den Artikel von Thérive[3]. Freue mich natürlich, daß er Sie schätzt und es

3 André Thérive in *Le Temps* vom 1. Januar 1939.

(endlich!) auszusprechen wagt: »Welch großer Romancier, dieser Simenon!« Bravo! Stelle gleichzeitig aber auch amüsiert fest, daß wir – Thérive und ich – Sie nicht um derselben Dinge willen schätzen – ganz und gar nicht . . . Sie können sich gratulieren: man lobt Sie unter verschiedenen Aspekten. Das nenne ich ein wahres Talent, dessen Bewunderer sich in die Haare geraten . . . Aber es würde mich interessieren, ob Thérive viele Ihrer Bücher gelesen hat, oder doch nur die, von denen er spricht . . .?

Die Unterscheidung, die er (übrigens von Ihnen dazu ermuntert) zwischen Ihren »zweitklassigen« Büchern und den anderen macht, geht mir etwas gegen den Strich (wenigstens was die zuletzt erschienenen Titel betrifft; ›La Marie du Port‹ kann ich, wie ich Ihnen sagte, nicht sehr viel höher einstufen als sechs oder sieben andere, und bei weiteren, die Sie vielleicht für zweitrangig halten, finde ich außergewöhnliche, überraschende Qualitäten (die ersten Seiten aus ›Trois crimes de mes amis‹ sind hinreißend). Vielleicht neigen Sie dazu, das Werk am höchsten einzuschätzen, das Sie am meisten Arbeit und Mühe gekostet hat. Dennoch baut alles, was Sie heute – möglicherweise spielerisch – schreiben, auf einem enormen früheren Arbeitsaufwand auf; Sie treffen heute mit sicherer Hand ins Schwarze.

16

Eigentlich hätte ich Ihnen noch mehr zu sagen ...
Auf Wiedersehen.

A. G.

4. *Simenon an Gide*

Mon cher Maître, mein großer Freund[4],
es wird Sie kaum wundern, wenn ich Ihnen sage,
daß ich noch nie im Leben soviel Lampenfieber
hatte. Ihre beiden Briefe sind fast gleichzeitig –
am 7. – bei mir eingetroffen, weil boulevard
Rd-Wallace meine Post sammelt und mir in grö-
ßeren Partien nachsendet. Ja, ich habe mich endlich
entschlossen, Paris zu verlassen, die Zeitungen, das
Geld – alles, womit man nur Zeit verliert. Und
schon wird das alles nun belanglos; ein Kapitel,
das hinter mir liegt ... Ich muß mich zusammen-
nehmen. Aber ich mußte, bevor ich Ihnen nun antworte, noch mein Romankapitel schreiben, im
Garten arbeiten, mir an der Brücke von Brault
meinen Aal kaufen gehen ... Das braucht man,
die tagtäglichen Handgriffe und Gänge – sonst
gerät man leicht ins Schleudern.

4 Geschrieben aus Nieul-sur-Mer bei La Rochelle, Charente-
Maritime, etwa Mitte Januar 1939.

17

Sie müssen wissen, daß das, was Sie mir da ins Haus geschickt haben, unerwartet kommt und beinahe furchtbar ist. Ich hatte mich darauf vorbereitet, noch jahrelang auf so etwas zu warten, zu warten, bis ich alt und vielleicht sogar tot bin. Ich hatte alles abgewogen. Und hatte mich dementsprechend innerlich eingestellt, wie unser Freund Gallimard Ihnen bestätigen wird.

Ja, und nun bin ich es Ihnen schuldig, mich Ihnen zu erklären, was viel schwieriger ist, als eine beliebige Person zu erklären. Beinahe unmöglich. Ist das eigene Ich nicht das einzige dem Bewußtsein verschlossene Terrain? Jedenfalls denke ich das oft, und das hat zur Folge, daß ich mich häufig selbst übers Ohr haue. Ich tue so, als ob ich nichts wüßte, um das Schicksal nicht herauszufordern.

Ich bitte Sie nicht darum, mich zu entschuldigen. Ich weiß ja, daß Sie es tun. Ich weiß, daß Sie von mir keinen logisch aufgebauten Brief erwarten. In dem Fieber, in das Ihr letzter Brief mich versetzt hat, möchte ich gern, daß meine Antwort wie ein Bekenntnis ist. Weil Sie *verstehen*. Und das ist schrecklich gefährlich, weil ich nicht intelligent bin, weil ich mich argwöhnisch vor der Intelligenz hüte und glaube, daß ich außerhalb meiner Romane wirklich gut daran tue, mich im Schatten zu halten. Zwei Jahre ist es her, daß Keyserling mich unbedingt sehen, mich studieren wollte, ungefähr so wie ein Meerschweinchen. Schließlich bin ich also für ein paar Tage nach Darmstadt gefahren. Und ich fürchte sehr, ich habe seine Erwartungen enttäuscht. Der da zu ihm kam, war ein dicker, kräftiger Bursche, der seinen Wodka ablehnte und sehr besorgt war um die Aufrechterhaltung seines Gleichgewichts ... Ein dicker Bursche obendrein, der schüchtern ist – schüchtern oder *unverfroren.*

Und gerade deswegen benutze ich die Gelegenheit, Ihnen diesen Brief zu schreiben – mündlich *würde es falsch.* Einem Partner gegenübergestellt, werde ich automatisch eine Rolle spielen und zu einer Romanfigur werden; ich werde meinen Gesprächspartner ebenfalls als solche sehen und in *aller Aufrichtigkeit* lügen.

Mit der Feder in der Hand ist es leichter, kühl zu bleiben und einfach. Was ich Ihnen auch schuldig bin, denn ich bin mir darüber im klaren, was Sie da getan haben, und finde keine Worte, Ihnen dafür Dank zu sagen.

Wie ich bereits sagte, wartete ich auf etwas, das irgendwann, eines schönen Tages, in einer fernen Zukunft kommen sollte – oder auch schon eher, aber dann nur lauwarm, unbefriedigend wie gewisse Kritiken, von denen man mir sagt, sie seien gut, und bei denen ich doch mit den Zähnen knirsche.

Und da muß ich Ihnen schon gleich das Schwierigste, das *Gefährlichste* eingestehen: Ich beschäftige mich viel mit mir selbst, ich bin mir meiner selbst ständig bewußt! Ganz gräßlich bewußt: so sehr, daß ich schon von frühester Jugend an immer wieder meine spätere berufliche Laufbahn vorausgesagt habe – mit Daten. Und ich will sie Ihnen aufzählen, auch wo es lächerlich wird. Denn Ihnen kann man alles sagen.

Mit zwölf Jahren wollte ich Priester werden, oder Offizier – wie mir schien, die einzigen Möglichkeiten, schreiben zu können und doch einen gesicherten Lebensunterhalt zu haben. Ich wollte ein Massillon werden, ein Xavier de Maistre.

Mit sechzehn verkündete ich, während ich in einer nebligen Nacht über den pont des Arches ging: Mit vierzig bin ich entweder Minister oder Mitglied der Académie Française (– was natürlich nie zur Debatte gestanden hat).

Und seit meinem achtzehnten Lebensjahr ist mir klar, daß ich eines Tages ein richtiger, gestandener Romanschriftsteller sein will. Und ebenso klar ist mir, daß das eigentliche Œuvre eines Romanschriftstellers erst so mit vierzig beginnt – wenn's gut geht ... Romanschriftsteller, sage ich: nicht Dichter.

Damals habe ich mich also völlig bewußt für meinen Weg entschieden, im Einverständnis mit meiner Frau, die dann als einziger Mensch mein stetiges Voranschreiten auf diesem Weg mitbekommen hat.

Zuerst der Beruf. *Gips anrühren*, die eigentliche Arbeit vorbereiten. Zehn Jahre habe ich mir dafür gegeben. Ganz zu Anfang kam es noch vor, daß ich mich nach meinem Tagewerk (das heißt dem Schreiben von Groschenromanen, für die ich pro Stück drei Tage brauchte) *in Trance steigerte* und eine Erzählung oder eine Novelle schrieb. Ich habe nie versucht, diese Sachen zu veröffentlichen. Ganze Ordner habe ich voll davon. Ich wußte, was daran noch fehlte. Und ich wußte, was ich eines Tages tun wollte ... *Ich habe es bis heute noch nicht getan.*

Ich erlaube mir, Ihnen beigefügt ›M. Gustave‹ zu schicken, eine kleine Novelle aus dieser Zeit – mit der Bitte um Rückgabe, da es sich um ein Andenken handelt. Sie werden sehen, daß ich mich damals schon mit einem Problem herumgeschlagen habe, das mich immer noch beschäftigt: die drei Dimensionen – Vergangenheit, Gegenwart und Zukunft – atmosphärisch so verdichtet, so lebensvoll wiederzugeben und zugleich eng in einer einzigen Handlung zu verzahnen, wie es mir noch nie geglückt ist – damals nicht und bis heute nicht. Und damals schon verursachte mir die eine oder andere dieser Novellen Brechreiz – so sehr hatte sich mir nach ein paar Minuten der Magen zusammengeschnürt.

Diese Erzählungen haben mir gezeigt, was mir fehlte: in die Haut eines *beliebigen Menschen* hineinschlüpfen zu können. Die eine Haut war für mich durchlässig, die andere nicht. Und während ich an meinen Groschenromanen (– ich frage mich, wie sie aufgenommen wurden –) schrieb, bemühte ich mich, Dialogführung, straffen Stil und Handlungsabläufe einzuüben ... Zugleich nahm ich mir vor, daß die nächste Etappe darin bestehen sollte, mich im Leben zu üben.

Ich habe fast zehn Jahre gewartet. Um in schnellem Ablauf viele Leben zu durchleben, brauchte ich viel Geld.

Mit zwanzig hatte ich geschrieben: »Mit dreißig werde ich meinen ersten Roman veröffentlichen.« Mit dreißig entschied ich: »Um zu leben, das Leben kennenzulernen, will ich erst einmal halb-literarische Romane schreiben; den ersten wirklichen Roman schreibe ich mit vierzig.«

Ich bin jetzt sechsunddreißig Jahre alt. Ich habe ein ganz klein wenig Vorlauf, aber nicht so viel, wie es aussieht: noch ist die Rechnung nicht aufgegangen.

Der Weg über den Kriminalroman ermöglichte es mir, sowohl an die breite Öffentlichkeit wie an das Geld heranzukommen und mich gleichzeitig unter den günstigsten Bedingungen in meinem Handwerk weiterzubilden – das heißt, einen *Spielführer* einzuschalten.

Dritter Abschnitt. Nach achtzehn Kriminalromanen bin ich es leid – ich fühle mich stärker und lasse den Spielführer – also Maigret – weg. Es entstehen: ›Le Coup de lune‹, ›L'Ange rouge‹, ›Les Gens d'en face‹, ›Le Haut mal‹ usw.

Aber der Rahmen, in dem ich mich bewege, ist noch eng. Ich brauche die Aktion als Stütze. Nur durch einen dramatischen Handlungsablauf kann ich mir die Aufmerksamkeit des Lesers sichern.

Vor allem aber gelingt es mir nicht, mehr als eine Person auf einmal durchzuformen! Ich sehe, daß dies der Schlüssel zu meinen Schwierigkeiten ist, und auch zu meiner gelegentlichen Vorliebe für manches, das absonderlich erscheinen mag. Bevor ich jedoch die großen Romane schreibe, die ich vorhabe, *will ich* die handwerklichen Mittel meines Metiers voll beherrschen – ich kann mir keinen Sebastian Bach vorstellen, der sich mit Problemen der Technik herumzuschlagen hat. Nun sind diese aber für mein Gefühl beim Roman ebenso komplex wie in der Musik oder der Malerei. So sagt man etwa von einem Gemälde, *der Arm lebt aber nicht!* Nun, in der Literatur gibt es auch sehr viele Arme – und sogar Köpfe –, die nicht *leben.*

Was jedoch in der Malerei möglich ist – *das*

lebende Modell –, gibt es im Roman nicht – zumindest nicht im Sinne Zolas.

Bitte verzeihen Sie mir, mon cher Maître und Freund, wenn ich mich ereifere. Ich spreche ex cathedra, aber ich verteidige auf diese Weise praktisch mein ganzes bisheriges Leben – wenn ich Unrecht habe, so habe ich es vertan. Vertan habe ich auf jeden Fall die zehn Jahre, in denen ich mich der Illusion hingegeben habe, mit dem Schreiben von Groschenromanen mein Handwerk als *Gipsanrührer* zu erlernen – und obendrein fast zehn weitere Jahre, in denen ich um jeden Preis *alle nur denkbaren Leben durchleben wollte*: um nie mehr recherchieren, nie mehr die Person, die ich gerade brauche, mühsam aufbauen zu müssen; um vielmehr im Bedarfsfall eine Auswahl von zehn Personen ›auf Lager‹ zu haben, sobald ich sie brauche, ohne mein Arbeitszimmer zu verlassen.

Vor allem: um sie nicht zuvor *beobachten* zu müssen. Beobachtung ist mir zuwider. Man muß es selber *versuchen, empfinden*. Man muß geboxt haben, gelogen – beinahe hätte ich geschrieben: gestohlen. Alles einmal gemacht haben – nicht bis zur Perfektion, aber ausreichend, um etwas davon zu verstehen ... Was übrigens der Grund dafür ist, daß ich auf allen Gebieten mittelmäßig bin. Ob Sie Gartenarbeit nehmen oder Reiten ... In Latein bin ich eine Null.

Ich bin manisch besessen vom Menschen. Nicht so sehr von seinen Fähigkeiten – nein, von seinen *Empfindungen*. Von dem, was er sagt; von seinen geringsten Regungen, seinen Verhaltensweisen. Das heißt, keinen Acker sehen zu können, ohne den Ertrag zu kalkulieren und sich damit zu beschäftigen, wie der Pächter ißt und wie er mit seiner Frau schläft.

Die verschiedenen Zeitungsrubriken – ›Unglücksfälle und Verbrechen‹, ›Märkte und Ausstellungen‹, ›Umzüge‹, ›Ferienaufenthalte‹, ›Hochzeiten‹, ›Sterbefälle‹ (in Zusammenhang mit bestimmten Familienverhältnissen) – das sind die wahren Romanstoffe.

Einen Menschen nicht ansehen können, ohne sich an seine Stelle zu versetzen, für ihn zu leiden ... Die Zeit, in der wir leben, hilft mir vielleicht. Es gibt fünf oder sechs Berufe, die ich ausüben könnte, wenn's mal drunter und drüber geht. Ich kann Flußschiffer sein, Fischer, Matrose auf großer Fahrt, Gärtner, Schreiner, was weiß ich ... Meinen Bekannten gegenüber bin ich in diesem Bereich viel empfindlicher als in bezug auf Literatur. Am liebsten würde ich mich in sämtlichen Berufen auskennen, in sämtlichen Lebensläufen.

In einem meiner Groschenromane war der Held ein Mann, der in ganz Frankreich Häuser besaß, jedes im Stil der jeweiligen Region und für die

Bedürfnisse eines bestimmten Berufes gebaut. Und wenn mein Held eines dieser Häuser betrat, schlüpfte er auch in das Gewand und die Mentalität der betreffenden Region und des entsprechenden Standes ... Ich muß Ihnen gestehen, daß so etwas mein Traum ist; im kleinen habe ich es für meine Person verwirklicht.

Nachdem ich nun so viel von mir erzählt habe, fällt es mir schwer, noch von meinen Romanen zu sprechen. Meine Arbeitsweise? Sie hat sich nicht geändert. Zuerst einmal die Menschen (der Idealfall wäre, wenn man sagen könnte: alle Menschen) in sich haben, ihr Leben gelebt haben. Man muß all ihre Leiden erdulden, und sei es im kleinen.

Ich bin davon noch weit entfernt! Mit der Zeit werde ich mich diesem Ideal weiter nähern.

Aber wie soll ich mich *aufrichtig* dazu äußern, wie ein Roman in mir heranreift? Ich würde mir nur selber etwas vormachen. Da gibt es einen Ausdruck, den meine Frau und ich oft gebrauchen: »ich versetze mich in Trance«.

Das bedeutet zuerst einmal, daß ich mich neutralisiere, total abschalte, mein eigenes Ich völlig vergesse, alle meine Sorgen. Und dann taucht in dem Wust der Erinnerungen plötzlich die Person auf, die mich fesselt. Das dauert manchmal eine Stunde, manchmal zwei Tage – je nachdem, wieviel ich gerade um die Ohren habe, wie das Wetter ist usw. Im Winter geht es schneller als im Sommer – keine Ahnung, warum.

Das genügt; damit kann ich anfangen; die Aktion spielt für mich in diesem Stadium keine große Rolle. Die Schwierigkeit liegt jedoch darin, während der ganzen Dauer der Prozedur *am Ball zu bleiben*, in der Geschichte zu bleiben.

Kein eigenes Leben, weder nach innen noch nach außen; lediglich die physische Existenz. Und von morgens bis abends jene Besessenheit aufrechterhalten – nur hie und da eine Oase in Form einer Partie Karten, die Abstand schafft.

Eine Art von freiwilligem, alles umfassendem Stumpfsinn.

Noch ein Ausdruck, den wir dann benutzen: *der Stand der Gnade.* Um jeden Preis im Stand der Gnade bleiben! Wenn ich bei Beginn der Niederschrift ein Thema von Bach gehört habe, muß man es mir jeden Tag zur gleichen Zeit wieder vorspielen. Nichts darf sich ändern am Tagesablauf. Der geringste unvorhergesehene Zwischenfall, und alles ist womöglich für die Katz gewesen. Keine Briefe, keine Telefonate.

Nur zwei Stunden schreiben morgens, nüchtern, aber den ganzen restlichen Tag über Disziplin, beherrscht bleiben von meinem Stoff. (Ich verstehe gewisse Leute, die man für verrückt erklärt, weil sie, nachdem sie einmal unter bestimmten Umständen ein Lusterlebnis hatten, für den Rest ihres Lebens hartnäckig jene Umstände wiederherzustellen versuchen. Ich mache es genauso. Da ich nicht weiß, worin nun eigentlich der ›Stand der Gnade‹ besteht, bin ich darauf bedacht, jeden Tag die gleiche Abfolge der Ereignisse bis ins kleinste Detail wiederherzustellen.)

Das ist eine Erklärung für etwas, das man mir vorgeworfen hat: daß ich eigentlich nur Novellen schreibe. Das stimmt (mit Ausnahme der drei letzten Romane, die noch nicht erschienen sind[5]). Aber das ist eben eine Frage des *Stehvermögens*. Zuerst habe ich acht Tage (Kriminalroman) durchgehalten, dann zehn, dann elf ... Heute schaffe ich zwölf bis fünfzehn Tage. Und als ich an ›Donadieu‹ saß, habe ich der Verlockung durch die Sonne, mein Boot, den Sport, meine Freunde usw. nicht widerstanden – und mit meinem ›Stand der Gnade‹ hat sich auch meine Familie Donadieu aufgelöst.

Mit zunehmendem Alter werde ich zweifellos dahin kommen, daß ich einen Monat lang durchhalte – so lange, wie ich für einen großen Roman brauche. Ich werde auch erreichen, daß ich nicht nur die zwei, drei oder vier Leben der Hauptpersonen nachvollziehen kann – im Anfang war es

---

5 Wahrscheinlich ›Le Coup de vague‹, ›Chez Krull‹ und ›Le Bourgmestre de Furnes‹, die 1938 entstanden und 1939 erschienen sind.

nur eine einzige –, sondern das Leben aller, auch der nebensächlichsten Komparsen.

Sie sehen also – da ist gar kein Phänomen. Oder, wenn Sie so wollen, ganz einfach ein Phänomen des Willens. Daran ist nichts Außergewöhnliches. Und obendrein muß ich von Anfang an das Ziel richtig angepeilt haben!

Wenn es so ausgesehen hat, als würde ich der ›Marie du port‹ eine gewisse Bedeutung beimessen, so nur aus Gründen der Technik: Dieser Roman ist der einzige, bei dem es mir gelungen ist, völlig neutral und objektiv zu bleiben (und das kann bei einem großen Werk von Nutzen sein. Es ist gut, sich selbst zu beweisen, daß man in der Lage ist, auch den Nebenfiguren Persönlichkeit zu verleihen, die nur »Es ist serviert!« zu sagen haben . . .). Nur deswegen ist ›La Marie du port‹ für mich von Bedeutung.

Und hier irrt Thérive meiner Ansicht nach: Er hat nun ausgerechnet *nur* die Technik gesehen und daraus den Schluß gezogen, sie sei nur hinsichtlich der Behandlung der Nebenfiguren gut.

Sacrebleu! Seit 32 [!] Jahren schinde ich mich ab, Bauern, Fischern, überhaupt jedem das richtige Wort in den Mund zu legen. Leute wie mich reden zu lassen – das wäre mir nicht schwer gefallen. Die komplizierte Persönlichkeit ist am leichtesten, da der Schriftsteller – a priori selber kompliziert – sie besser erfaßt und versteht als irgendeine andere. Aber Menschen auftreten zu lassen, die leben und nicht denken ... Na ja, was unsereiner so denken nennt!

Später vielleicht einmal ... Aber vielleicht ist das ein Fehler.

Bis jetzt bin ich ganz allein weitermarschiert, immer geradeaus ... Ihre beiden Briefe sind ein Wendepunkt. Oder eher eine Zwischenlandung. Eine Gelegenheit, nach rückwärts und nach vorn zu schauen.

Ich sehe, ich verliere den Faden.

Wenn ein Roman einmal angefangen ist, bin ich selber meine Hauptperson; ich lebe ihr Leben. Ich arbeite zwei Stunden täglich; erbreche mich immer noch wie zu Anfang, als ich ›M. Gustave‹ schrieb ... Danach bin ich abgestumpft, ausgehöhlt. Ich schlafe. Ich esse. Und ich warte auf den Augenblick, in dem alles von neuem beginnt.

Das ist alles.

Hinterher ist es mir unmöglich, eine einzige Seite zu ändern. Das hat man mir oft genug vorgeworfen. Mir wäre es auch lieber, wenn ich fähig wäre, an meinem Text zu feilen. Aber da ich nicht weiß, wie er entstanden ist, weiß ich auch nicht, wie er zu reparieren wäre. Er ist entweder geglückt oder mißlungen; so ist das nun mal, und ich kann nichts mehr dazu tun. Eines Tages vielleicht ...

Der Beweis: Sobald ein Roman beendet ist, habe ich alles vergessen, einschließlich der Namen der Charaktere. Es bleibt nichts hängen als ein paar Bilder – genau wie beim Leser vermutlich.

Ich glaube, daß mit dem ›Bourgmestre de Furnes‹, den ich gerade an Gallimard geschickt habe, eine neue Etappe beginnt. Um mit Thérive zu sprechen, wäre dies »mein Meisterstück«, wenigstens bis heute.

Aber das kann ich nicht beurteilen. Es kommt nicht auf die Mühe an, die man auf die Sache verwendet; man muß nur die handwerklichen Probleme meistern. Ich komme mir eher wie ein Töpfer vor und spüre es, ob mir eine Gestalt besser oder schlechter von der Hand geht.

Sollte es mir eines Tages vergönnt sein, meine Werke neu herauszubringen, wird jedes einen Untertitel bekommen, den ich schon beim Schreiben im Kopf hatte. *Und es war mir eine unsagbare Freude, daß Sie meine Gedanken erraten haben, als Sie von Musik sprachen.*

So hatte zum Beispiel der miese Roman ›Le Serpent‹ – den ich in aller Eile schrieb, weil es nicht anders ging – in meinem Geist den Titel »Variations sur une boule de caviar«. ›Le Cheval blanc‹ dagegen war von alten Erinnerungen an meinen Deutschunterricht und Schubertmelodien inspiriert.

Aber all dies ist im Grunde nebensächlich. Ich war es Ihnen nur schuldig. Zum ersten Mal ist es mir möglich, von mir zu sprechen, mich zu erklären. Ich hoffe nur, daß ich darüber nun nicht Ihre Freundschaft und Ihren ermutigenden Beistand verliere.

Intelligenz macht mir gräßlich Angst, hat mir immer Angst gemacht. Manchmal denke ich, daß die Götter sie dem Menschen aus Rache gegeben haben. Ich jedenfalls mißtraue ihr; ich trachte danach, eher zu empfinden als zu denken. Oder eher noch zu denken mit ... Ja – womit eigentlich? Da haben wir's; ich würde mich sehr schwer tun, wenn ich sagen müßte, womit ... Ein Bild von Rembrandt, von Renoir ... Ein kleines Stück für Cembalo oder Violine, von Bach so *dahingepinkelt,* um seine Kinder Musik zu lehren ...

Sie sehen, wie vage, wie wenig ausgeformt das alles noch ist. Und daß ich noch Jahre und Jahre brauche, um es präzise sagen zu können.

Ob Sie wohl den Mut haben, so lange mein Leser zu bleiben?

Nun werde ich, wenn ich die Freude haben werde, Sie zu treffen, vielleicht ganz ungezwungen mit Ihnen sprechen können; so, wie ich es oft schon gern getan hätte – ohne ständig daran denken zu müssen, daß Sie der Meister sind, oder an das

Stimmungstief, in das ich vor kurzem erst durch die neuerliche Lektüre Ihrer Werke geraten bin[6].

Ich hatte mich in meine Ecke zurückgezogen. Nachdem die Periode der »Lebensneugier« vorüber ist, habe ich ganz einfach jegliche Mitarbeit an Zeitungen – die mir vielerlei Konzessionen abverlangte – aufgegeben.

Ob das nun gut ist? Oder schlecht? Ich habe Angst bekommen – Angst davor, mit Haut und Haaren vereinnahmt zu werden.

Ihre Bemerkungen über ›Le Cheval blanc‹ geben mir ein wenig Auftrieb. Aber die Kritiker hinken mit ihren Rezensionen meiner Romane immer um ein Jahr hinterher, weil ich immer ungefähr sechs Bücher in der Mache habe.

Ich traue mich nicht, Sie allzusehr zu beanspruchen, indem ich Ihnen den ›Bourgmestre de Furnes‹ übersende. Das hieße Ihr freundliches Entgegenkommen schlecht entgelten.

Gestern noch war ich in einem Zustand der Unentschiedenheit. Ich hatte große Angst. Nichtsdestoweniger war ich entschlossen, den mir bestimmten Weg bis zum Ende zu gehen.

Sie werden jetzt besser verstehen, welchen Sinn Ihre beiden Briefe für mich bekommen können. Mit Worten läßt sich das gar nicht ausdrücken.

6 Ist das pure Höflichkeit? Simenon schreibt in ›Quand j'étais vieux‹ am 5. Dezember 1960: »Versucht, Gide zu lesen, dessen Freund ich werden sollte. Konnte es nicht. Habe es ihm nie gesagt.«

Ich bin meinen Weg ganz allein gegangen. Selbst die wohlmeinendsten Kritiker haben mich hartnäckig immer wieder in der Rubrik ›Kriminalroman‹ besprochen – zugegebenermaßen mit freundlichen Worten.

Mein Fehler, ich weiß.

Aber das war mein Weg.

Mit einem Schlag habe ich nun durch Sie fünf oder zehn Jahre aufgeholt. Genau in dem Augenblick, in dem ich alles andere aufgesteckt habe, um in Ruhe auf meinem Weg fortzuschreiten – dem des ›Cheval blanc‹ und des ›Bourgmestre de Furnes‹. Einem Weg, so glaube ich, auf dem ich – ohne mich zu überstürzen – *endlich* all die Erfahrungen auswerten kann, die ich bisher gemacht habe.

Gallimard wird Ihnen sagen, daß dies seit einem Jahr Gegenstand unserer Gespräche ist.

Für jedes Ding gibt es ein Alter.

Ihre ausgestreckte Hand, cher Maître, kommt in eben dem Augenblick, in dem ich durch das viele Allein-Arbeiten der Erschöpfung und dem Überdruß hätte anheimfallen können.

Aus ganzem Herzen,
aus Herzensgrund:
Dank.
Simenon

P. S. Ich wage nicht, Sie hierher einzuladen. Sollten Sie jedoch eines Tages Lust haben auf die

Winde vom Ozean, auf große Kaminfeuer und einen unverfälscht rustikalen Rahmen ... Derbe Burschen am Werk zu sehen, richtige *Meeresarbeiter,* die im Ozean Muschelfelder bestellen ... Dann sagen Sie mir Bescheid. Sie wissen, daß ich darüber sehr glücklich wäre.

5. Gide an Simenon

Paris, den 20. Januar 1939

Mein lieber Simenon,

Ihr langer Brief hat mich ganz außerordentlich interessiert, und ich bewahre ihn mit größter Sorgfalt auf, denn eine Reihe von Angaben, die Sie mir machen, können mir sehr nützlich sein, wenn es mir gelingt, die von mir geplante Studie (das Wort ›Studie‹ riecht nach Langeweile; entschuldigen Sie!) zu Ende zu führen. Aber seit über einem Monat hänge ich ganz erbärmlich herum; ich habe mich von der Grippe erwischen lassen und bin, obwohl so einigermaßen wiederhergestellt, zu regelmäßiger Arbeit noch nicht in der Lage. Ich habe vor, mich nach Ägypten zu verdrücken (das ich noch nicht kenne), um dort wieder ganz auf die Höhe zu kommen.

Wenigstens hat diese Zeit der Abgeschiedenheit es mir ermöglicht, viel mit Ihnen zu leben.

Anbei ›M. Gustave‹. Rundheraus: mittelmäßig als Erzählung; jedoch sehr interessant als Nachweis für jenes Bemühen (und das schon seit 1925!), die Zukunft in die Gegenwart einfließen (oder aus ihr spürbar werden) zu lassen – danke für die Übersendung! Das gleiche Bestreben habe ich übrigens in dem wirklich bemerkenswerten Anfang von ›Trois crimes de mes amis‹ wiedergefunden. Aber das wird Ihnen noch besser gelingen, darauf möchte ich einen Eid ablegen.

Der Brief ist nun seit fünf Tagen liegen geblieben. Ich habe inzwischen ›Le Coup de lune‹ noch einmal gelesen und kann aus eigener Kenntnis die erstaunliche Genauigkeit aller Ihrer Beschreibungen bestätigen; ich *erkenne* alles wieder, Land und Leute. In ›Les Rescapés du Télémaque‹ dieses absurde Verhör des Angeklagten – also, das ist . . . meisterhaft! Ich habe Gallimard gebeten, mir sobald wie möglich die Aushängebogen vom ›Bourgmestre de Furnes‹ zu schicken.

Gerne würde ich mich mit Ihnen unterhalten, mein lieber Simenon. Bei meiner Rückkehr nach Frankreich, im April, werde ich alles daransetzen, mich mit Ihnen zu treffen, wenn es Ihnen recht ist.

Ich möchte die besagte Studie über Sie nicht

veröffentlichen, bevor ich sie Ihnen nicht gezeigt und mich vergewissert habe, daß ich darin nichts Unrichtiges oder Törichtes sage.

Sehr herzlich
Ihr
André Gide

6. Simenon an Gide

[Undatiert]

Mon cher Maître,

erlauben Sie mir, Ihnen aus meinem ›Bau‹, in dem ich mich in Nieul eingeigelt habe, um endlich ernsthaft zu arbeiten, meine aufrichtigsten und herzlichsten Wünsche zu übersenden.

Ich muß Ihnen ganz besonderen Dank sagen für alle Ihre ermutigenden Worte, und ich tue es aus ganzem Herzen.

Solche Worte wiegen um so schwerer, je seltener sie werden. Und sie werden seltener in dem Maße, in dem man vorankommt. Es sei denn, daß auch in der Kunst Hilfe nur den Schwachen zuteil wird, was paradox wäre.

Sie haben mir mehr geholfen als irgendein anderer Mensch, vielleicht ohne es zu wissen. Und es

liegt mir viel daran, Ihnen meinen Dank auszusprechen.

Ihr sehr ergebener
G. Simenon

7. Gide an Simenon

Luxor Hotel
Luxor (Ägypten)
15. März 1939

Mein lieber Simenon,
gerade habe ich in der ›Bourse Egyptienne‹ vom
12. März einen Artikel über Sie gelesen. Er ist
B. Farki signiert und strotzt vor Selbstgefälligkeit, Geringschätzung, herablassendem Entgegenkommen und Dummheit. Ich hoffe, Sie nehmen
das nicht tragisch und überlassen es Ihren Freunden, sich an Ihrer Stelle zu entrüsten. Aber wenigstens ist das für mich ein Anlaß, Ihnen zu schreiben, und das hatte ich auch Dr. Girardot, dem
Werksarzt der großen *Compagnie minière de Nag-
Hamadi*, versprochen. Ich kannte Dr. Girardot
bisher nicht; er hat mich indessen, als er von meinem Aufenthalt in Luxor erfuhr, aufs liebenswür-
digste eingeladen, ihn ein paar Tage zu besuchen

und mir die wirklich bedeutende Fabrik, die Zuk-
kerrohrfelder (das heißt, die Arbeit auf den Fel-
dern) und die herrliche Umgebung anzuschauen.
Ich war noch keine Viertelstunde mit ihm zusammen, als ich, ich weiß nicht, was mich dazu trieb,
Ihren Namen erwähnte – auf gut Glück eigentlich,
nur um seine Reaktion zu sehen ... Dr. Girardot
ist sofort zu seiner Bibliothek gestürzt, hat einen
der Schrankflügel geöffnet und mir eine mehrere
Regalfächer füllende, *komplette* Sammlung Ihrer
Bücher gezeigt, sämtlich von seiner Frau mit festem
Einband versehen. Und zwar nicht nur die, die
unter Ihrem Namen erschienen sind, sondern sogar
auch die, die Sie unter den Pseudonymen Sime und
Sim veröffentlicht haben und die ich noch nicht
kannte. Hinterher haben wir lange, lange von
Ihnen geredet (ich habe mir erlaubt, ihm die
Maschinenabschrift zu zeigen, die ich von Ihrem
langen und interessanten Brief machen ließ und
glücklicherweise mitgenommen hatte). Er hat mich
mit großem Nachdruck gebeten, Ihnen auszurich-
ten, daß Sie und Madame Simenon – sollten Sie
einmal in dieses Land kommen (das Sie, glaube
ich, noch nicht kennen; ich erinnere mich nicht, daß
Sie jemals davon gesprochen haben) –, hier in der
Zuckerfabrik von Nag-Hamadi herzlich willkom-
men sind. Sie werden eine Gastfreundschaft genie-
ßen, die ich aus eigener Erfahrung als überaus

zuvorkommend, charmant und freundschaftlich bezeichnen und loben kann. Dr. Girardot hat, wie mir scheint, Grund zu der Annahme, daß Sie, wenn nicht das Leben der Fellachen, so doch das der Europäer interessieren könnte, die sich nur deshalb in Nag-Hamadi zusammengefunden haben, weil die Belange der Zuckerfabrik es erfordern ... Nun, ich habe mich hiermit meines Auftrags entledigt.

Ich bin jetzt zwei Monate in Luxor; ich habe mich die ganze Zeit recht matt gefühlt und mich mehr zur Arbeit gezwungen, als wirklich gearbeitet. Bevor ich nach Frankreich zurückkehre, möchte ich in Griechenland Station machen. Ich freue mich, bei meiner Rückkehr den frisch dem Ei entschlüpften ›Bourgmestre de Furnes‹ vorzufinden.

Ich schreibe Ihnen dann wieder.

Viel Glück bei der Arbeit, mein lieber Simenon!

In aufmerksamer und herzlicher Verbundenheit

Ihr

André Gide

8. *Simenon an Gide*

[Undatiert[7]]

Mon cher Maître,

ein ganz herrliches und wunderbares Geschenk ist
dieser Brief, den Sie mir aus Ägypten geschrieben
haben und den meine Sekretärin mir aus Nieul
mitbringt. Er hat mich hier in einem alten Schloß
im Elsaß erreicht, wo ich jetzt seit einem Monat
völlig zurückgezogen lebe, hinter zwei Meter dik-
ken Mauern vergraben, um einen neuen Roman zu
schreiben – die Geschichte von Dr. Malempin, einem
Arzt. Ich war schon soweit, daß ich mich nicht
mehr getraute, als Simenon zu leben und zu atmen,
sondern nur noch als Malempin.

Sicher werden manche sagen, daß ich schon wieder das Genre, die Stilmittel gewechselt habe – sie
müssen ja immer was dazu sagen. Aber es ist reiner
Zufall. Zum ersten Mal mußte ich in der ersten
Person schreiben, weil ich wiedergeben wollte,
wie ... Also, ich erzähle Ihnen kurz, worum es
geht – ich habe nämlich noch alles ganz frisch in
mir. Es handelt sich um einen biederen Arzt von
vierzig Jahren, der ein paar Nächte lang bei sei-

---

7 In Gides Handschrift ›April 1939‹ datiert. Dieser Brief, wahrscheinlich im März 1939 und auf Schloß Scharrachbergheim geschrieben, muß im April eingetroffen sein. Im April hält sich
Simenon eine Zeitlang in Belgien, im Schloß von Tervaeren nahe
Brüssel auf. Sein Sohn Marc wird am 19. April in Uccles geboren.

nem plötzlich erkrankten Sohn wacht. Dabei kommt ihm die Erinnerung an ein tragisches Ereignis, das er im Alter von sieben Jahren miterlebt hat, ohne es recht zu begreifen. Ich habe nun versucht, diese Tragödie zugleich als das siebenjährige Kind und als der vierzigjährige Malempin zu sehen . . . Abwarten, was dabei herauskommt.

Im Augenblick leben wir, meine Frau und ich, in einer für uns neuen, ungeduldigen Spannung, weil sie nach nunmehr sechzehnjähriger Ehe, von einem Tag auf den anderen, von einer Stunde zur nächsten, ein Kind erwartet.

Ich habe den Artikel im ›Journal de la Bourse‹ nicht gelesen – l'Argus hat vergessen, ihn mir zu schicken. Aber ich bekomme viel in dieser Art zu sehen. Keine Auflehnung; keine Entmutigung, aber manchmal ein Anflug von Trägheit; der Gedanke, daß nichts leicht zu erreichen sein wird und ich bis zum Schluß in meiner Ecke sitzen und arbeiten muß. Die Haltung mancher Kritiker kann einen außer Fassung bringen.

Aber ich habe schon von klein auf die Überzeugung, daß mir im Leben nichts geschenkt wird, daß mir nie eine Chance in den Schoß fallen wird – und ich habe mich mit diesem Gedanken vertraut gemacht. Daher auch der Ausdruck ›wunderbares Geschenk‹, den ich gerade in bezug auf Ihren Brief gebraucht habe. Er erreichte mich in einem Moment, in dem ich nicht mit derlei rechnete.

Vermutlich sind Sie jetzt in Griechenland; ich richte diesen Brief an Ihre Pariser Adresse. Er soll Ihnen zuallererst all den Dank sagen, den ich Ihnen schulde; er soll Ihnen auch sagen, wie sehr ich darauf brenne, nach Ihrer Rückkehr mit Ihnen zusammenzutreffen.

Über Ägypten weiß ich wenig. Es gehört – wie Indien und der Ferne Osten – zu jenen Ländern, die ich mir für später aufhebe, wenn ich einmal nicht mehr alles von Grund auf neu schaffen muß; diese Länder haben für mich so etwas zu *Fertiges*, Vollendetes und darum Statisches, daß sie mir ein wenig Angst machen. Wenn ich mich in einem solchen Land auch nur kurz aufhalte, verliere ich jedesmal für lange Zeit mein Gleichgewicht. Ich brauche noch das Leben von heute, die Anstöße, die von ihm ausgehen. Man setzt sich eben nicht mit der nötigen Überzeugung an einen kleinen Roman wie den ›Bourgmestre de Furnes‹ oder ›Malempin‹, an eine kleine Geschichte, die von kleinen Leuten handelt, wenn man gerade ein paar Tage in Florenz oder Athen verbracht hat.

In einem Monat, wenn das Kind geboren und transportfähig ist, kehre ich nach Nieul zurück, wo ich hoffentlich einen neuen Roman beginne. Ich schreibe Ihnen dann, was ich darin zu realisieren versuche – obwohl ich auch Intentionen gegenüber skeptisch bin; ich täte vielleicht besser daran, meinen Ehrgeiz zu zügeln, mich darauf zu beschränken, ein ›Romanbaum‹ zu sein. Und mir nur Gedanken zu machen über die Schicksale der herabfallenden Blätter.

Nun habe ich Sie aber lange mit meinem Geschwätz aufgehalten. Ich habe Ihnen noch nicht einmal für die liebenswürdige Einladung Ihres Freundes gedankt, dem ich gleich noch ein paar Zeilen schreiben werde. Ich hoffe, daß Ihre Kreuzfahrt zu den griechischen Inseln Ihnen so viel Freude bringt, wie Sie davon erwarten. Mit den besten und herzlichsten Grüßen

Ihr ergebener
Georges Simenon

9. *Gide an Simenon*

1 *bis,* rue Vaneau, VIIe
22. April 1939

Mein lieber Simenon,
Ihren guten Brief habe ich bei meiner Rückkehr in Paris vorgefunden. Heute morgen nun traf Ihr kurzer Bescheid mit der freudigen Nachricht ein, und ich freue mich von Herzen mit Ihnen. Ich weiß

44

es sehr zu schätzen, daß Sie verstanden haben, welchen Anteil ich an Ihrem Glück nehme. Ohne aufdringlich erscheinen zu wollen: Bitte übermitteln Sie Madame Simenon meine Gratulation und meine besten Wünsche. Ich lächle dem neuen Erdenbürger zu und fühle eine tiefe Verbundenheit mit Ihnen.

André Gide

10. *Simenon an Gide*

[Undatiert]

Mon cher Maître,

erlauben Sie mir, Ihre Zeit für ein paar Minuten in Anspruch zu nehmen, um Ihnen, wie im Vorjahr auch, alle guten Wünsche zu übermitteln? Ich will nicht näher auf diese Wünsche für 1940 eingehen – die einen verstehen sich von selbst, und die anderen, Ihre ganz persönlichen Wünsche, kenne ich nicht. Ich muß mich also darauf beschränken, der Welt Frieden und Ihrer Arbeit ein gutes Gelingen zu wünschen.

Ich habe den vorigen Krieg nur als Kind erlebt; Ihre Gedanken darüber sind mir aus Ihrem Tagebuch bekannt. In den letzten April- und den ersten Septembertagen habe ich jeden Abend wieder die entsprechenden Seiten darin gelesen.

Was mich, was uns betrifft, da wir ja jetzt zu dritt sind, so leben wir zurückgezogen, in uns gekehrt. Von einem Tag auf den anderen warte ich darauf, daß Belgien mich ruft, und dann werde ich gehen. Aber solange Heim und Herd dort nicht stärker und unmittelbarer bedroht sind, fühle ich mich nicht dazu verpflichtet, den Heroismus vorwegzunehmen.

Strapaziere ich Ihre Geduld auch nicht zu sehr, wenn ich soviel von mir spreche? Andererseits – Sie haben sich mir freundlicherweise mit soviel wohlmeinender Neugier zugewandt, daß ich nun zum Jahresende, dem Bilanzstichtag, der Versuchung nicht widerstehen kann, Bilanz zu ziehen – wenigstens über die letzten drei Monate.

Es war am fünften Kriegstag, glaube ich. Ganz unvermittelt habe ich mich förmlich auf meinen Garten gestürzt; ich habe alle Blumen herausgerissen, habe umgegraben, gerodet und Gemüse gepflanzt ... und auf meine Schreibmaschine: soundsoviele Stunden im Garten – soundsoviele an der Maschine. Und soundsoviele im Kinderzimmer. Ohne Nieul auch nur einen Augenblick zu verlassen, blind und taub für die Welt.

Während ich mir den ganzen Sommer über wie ausgepumpt vorkam, unfähig, den Faden meiner

Arbeit wieder aufzunehmen, habe ich nun innerhalb von drei Monaten mühelos drei Romane zustande gebracht. Ich hoffe, sie können bald erscheinen, denn ich möchte möglichst rasch erfahren, ob mein Gefühl mich nicht trügt – ob ich wirklich endlich aus dem Vollen schöpfen und jedes Wesen, jedes Grüppchen richtig einordnen kann in der kleinen Welt, die ich erschaffen möchte.

Wenn sie erscheinen ... Aber der ›Bourgmestre de Furnes‹ ist jetzt ein ganzes Jahr alt und noch nicht erschienen, und jetzt sind da noch weitere.

Wenn sie also erscheinen ... Sie tragen die Titel ›Malempin‹, ›Bergelon‹ und ›L'Oncle Charles a disparu‹ ... Ach nein, Irrtum: ›Malempin‹, das war ja schon im Frühjahr. Das dritte Buch heißt ›Il pleut, bergère‹.

Lachen Sie nicht über meine Geschwätzigkeit. In einer Welt, die einzustürzen droht, klammere ich mich an Dinge wie ›Il pleut, bergère‹. Und ich muß beschämt gestehen, daß ich auf Ihr Urteil gespannter bin als auf den nächsten Frontbericht.

Das ist alles. Um das nötige Kleingeld zusammenzubringen, werde ich vielleicht wieder Maigrets schreiben – allerdings nicht mit Begeisterung. Ich habe Gaston Gallimard gebeten, Sie bei nächster Gelegenheit in diesem Punkt um Ihre Meinung zu fragen. Seit ›Il pleut, bergère‹ macht es mir weniger aus, eine Zeitlang zu verstummen.

Betrachten Sie diesen Brief, mon cher Maître, als ein Unterpfand meiner Bewunderung, meiner Zuneigung und großen Dankbarkeit – auch wenn er etwas selbstherrlich ausgefallen ist – und berücksichtigen Sie, falls es noch einer zusätzlichen Entschuldigung bedarf, die absolute Isolation Ihres

Simenon

11. *Gide an Simenon*

La Conque
Vence, Alpes Maritimes
28. Mai 1940

Mein lieber Simenon,

Ihr ausgezeichneter mit roter Tinte geschriebener Brief ist auf meinem Schreibtisch liegengeblieben, ganze ... Nein, ich will lieber nicht nachzählen, wieviele Monate. Nehmen Sie mir dieses lange Schweigen, das ich mir selber nicht recht erklären kann, nicht allzu übel. Ich wollte mit einem ganz besonders guten Brief antworten, und so habe ich gar nicht geantwortet. Verschiedenes kam noch hinzu – eine Nierengeschichte hat mich fünfundzwanzig Tage lang ans Bett gefesselt, und schließlich äußerst komplizierte Angelegenheiten von

Flüchtlingen, deren ich mich annahm, wie damals
1914, und die mir ans Herz gewachsen waren ...
Keine stichhaltigen Entschuldigungen, ich weiß.

Nun scheint die Lage sich seit einigen Tagen aber
zu verschlechtern – vorübergehend, wie ich hoffe,
aber doch so alarmierend, daß ich mich frage, ob es
mir in einiger Zeit noch möglich sein wird, frei mit
Ihnen zu korrespondieren. Ich habe daher das
Bedürfnis, Sie ganz rasch meiner treuen Verbundenheit zu versichern. Ich bin z. Z. in Vence bei
Simon Bussy, einem sehr guten Freund, und dessen
Familie. Bei ihnen habe ich auch die letzten sechs
Monate in Nizza zugebracht, und sie haben mich
hierher begleitet. Wir haben gemeinsam beschlos-
sen, hier zu bleiben, was auch geschehen mag, und
warten derweil gespannt und angstvoll auf bessere
Tage.

»Von einem Tag auf den anderen warte ich darauf, daß Belgien mich ruft«, schreiben Sie. Ich habe
also keine Ahnung, wo Sie gegenwärtig stecken
mögen. Ich hoffe jedoch, daß man Ihnen den Brief
nachsenden wird, wenn ich ihn nach Nieul richte,
so daß er Sie schließlich doch noch erreicht. Ein
paar Zeilen von Ihnen würden mir große Freude
machen, wenn sie gute Nachrichten über Sie, Ihre
Frau und den Kleinen enthielten – Michel heißt
er, nicht wahr?

Ich habe einen meiner Freunde, der nach Paris

gerufen wurde und den ich nun sehnsüchtig zurück-
erwarte, damit beauftragt, mir die in der N. R. F.[8]
angekündigten Simenons mitzubringen; sicherlich
sind sie in der rue Vaneau im Vorplatz zusammen
mit einer Menge anderer Bücher aufgestapelt. Ich
bekomme nämlich nur meine Korrespondenz hierher nachgesandt. Ich bin sehr gespannt darauf, sie
zu lesen. Hinterher schreibe ich Ihnen dann
bestimmt wieder. Sie wissen ja – Sie haben keinen
aufmerksameren, leidenschaftlicher interessierten
und gespannteren Leser als Ihren

> in Freundschaft ergebenen
> André Gide

12. *Gide an Simenon*

[Undatiert[9]]

Lieber S.,

morgen kann ich G. G.[10] endlich die mir überlasse-
nen Seiten von ›Pedigree‹ – ich habe sie nach Erhalt
sofort verschlungen – und die Anmerkungen
zurückschicken, die ich gleich hinterher dazu

8 Nouvelle Revue Française.
9 Kriegspostkarte; in Cabris geschrieben und am 5. Juni 1941 in
Cannes abgestempelt.
10 Gaston Gallimard

gemacht habe. Tut mir sehr leid – ich wußte nicht, wie ich sie Ihnen früher als ihm hätte zustellen sollen. Da ich überdies keinesfalls sicher war, wirklich recht zu haben, hatte ich Angst, mit meiner kalten Dusche Ihren unbedingt nötigen Elan zu bremsen. Der weitere Fortgang der Erzählung wird mich, so hoffe ich doch, zwingen, meinen ersten ungünstigen Eindruck zu revidieren ... Nehmen Sie mir bitte meine Offenheit nicht übel, in der Sie Achtung und Freundschaft sehen wollen.

André Gide

13. *Gide an Simenon*

[Undatiert[11]]

Lieber Freund,
bin sehr erfreut über Ihre beiden Karten und begeistert von dem, was Sie mir über Ihre Arbeit sagen. Habe gerade Ihr verblüffendes Buch ›Inconnus dans la maison‹ gelesen. War seit langem nicht mehr so lebhaft interessiert. Wie sehr ich mir wünsche, mich einmal lange mit Ihnen unterhalten zu können – ich hätte Ihnen so vieles zu sagen.

11 Postkarte, in Cabris geschrieben und dort am 8. Juli 1941 abgestempelt.

Wunderbar, wie die Ereignisse der Geschichte auf den Anwalt wirken ... Sie sind auf dem rechten Weg. Das Thema ist herausgearbeitet. Bravo!

Mit immer lebhafterer und freundschaftlicher Anteilnahme

André Gide

14. Gide an Simenon

Grand Hôtel
Grasse
19. September 1941

Lieber Freund Simenon,
die ersten Kapitel von ›Pedigree‹ habe ich, wie Sie wissen, offen kritisiert – eine Kritik, zu der ich mich als Freund verpflichtet fühlte; ich weiß Ihnen übrigens großen Dank dafür, daß Sie sie so gut aufgenommen haben. Ich merke nun, wie meine Vorbehalte bei der weiteren Lektüre dahinschwinden. Von dem Augenblick an, in dem Ihre Mutter auftritt, gelingt es Ihnen, ein enges Band zu ihr herzustellen. Die Schilderung ihrer geduldigen und demütigen Bemühungen, ihrer Ausdauer trotz der Undankbarkeit und der Zurückweisung von seiten ihrer Mieter – das alles geht einem zu Herzen.

Wenn Sie dem Bild immer wieder einen kleinen Pinselstrich hinzufügen, wird ein großangelegtes Porträt daraus werden; und Sie werden – wenn Sie nicht lockerlassen – bald ein großes Buch zustandegebracht haben. Bravo! Ich schicke das MS an R. Gallimard zurück, der ja wohl wissen wird, wie er es an Sie weiterleiten kann.

Ein Lächeln für den kleinen Marc und seine Mutter. Und freundliche Grüße von

Ihrem

André Gide

15. *Gide an Simenon*

Hôtel Adriatic, Nizza

27. Dezember 1941

Mein lieber Simenon,

Sie sollen das Neue Jahr nicht ohne meine herzlichsten Wünsche für Sie alle drei und für Ihre Arbeit beginnen. Mein Vorhaben, zu Ihnen in die Vendée zu kommen, ist den Winter über auf Eis gelegt. Ich fürchte einfach die Kälte – nicht bei Ihnen vielleicht, aber doch auf der Reise. Da bei mir eine Erkältung in die nächste übergeht und ich viel weniger widerstandsfähig bin als früher, muß ich eine Menge Vorsichtsmaßregeln beachten. Und dann hält mich auch die Arbeit zurück; ich habe mich jetzt wieder ernsthaft und voller Freude ans Werk gemacht[12]. Letzten Monat habe ich fünf Ihrer Bücher gelesen. Ganz besonders gefallen haben mir ›Les Inconnus dans la maison‹, ›Il pleut, bergère‹ und ›Cour d'assises‹, die ich alle drei ungewöhnlich interessant fand; ›L'Outlaw‹ und ›Bergelon‹ weit weniger. Ach ja – noch ein älteres: ›Pietr‹; ein wirklich erstaunliches Buch, das ich M. Allegret zur Verfilmung empfahl.

Wie gerne ich mich mit Ihnen unterhalten würde! Ich komme immer weiter im Verständnis dessen, was Sie machen und machen wollen – und was Ihnen manchmal so vollauf glückt ... Alles Gute für ›Pedigree‹!

Dem kleinen Marc einen Kuß. Mit ganzem Herzen bin ich bei Ihnen.

André Gide

---

12 Gide hatte dem *Figaro* die ›Interviews imaginaires‹ versprochen – 1943 veröffentlicht bei Gallimard und den Editions du Haut Pays.

Sidi Bou Saïd, Tunis
8. Juni 1942

Lieber Freund Simenon,

ja, ich bin in Tunis und habe nicht mehr viel Hoffnung, Sie in diesem Sommer aufsuchen zu können,
entgegen meinem lebhaften Wunsch und dem hal-
ben Versprechen, das ich Ihnen gegeben hatte. Ich
habe Nizza in der Hoffnung verlassen, hier auf
afrikanischem Boden jene sanfte Exaltation zu
finden, die der Arbeit günstig ist. Aber das über-
füllte Tunis ... Seit gestern habe ich nun in Sidi
Bou Saïd Zuflucht gefunden, einer sehr angenehmen Stadt, wo ich bei neuen Freunden wohne.
Mein erstes Anliegen ist es nun, Ihnen zu schreiben. Aus Nizza habe ich per Luftpost Bescheid
bekommen, daß Ihr MS ›Pedigree‹ eingetroffen ist
und mir mit gewöhnlicher Post hierher nach-
geschickt wird. Ich erwarte es mit Ungeduld,
ebenso ›L'Oncle Charles‹. Habe in den letzten
Tagen ein paar Ihrer ersten Maigrets (Fayard[13])
gelesen, die ich noch nicht kannte. Bin wirklich
amüsiert über die Gerüchte einer ›Zusammen-
arbeit‹ mit Ihnen, die zweifellos durch meine Lob-
sprüche entstanden sind. Ich habe Auftrag gegeben,

---

13 Fayard hat die ersten ›Maigrets‹ – bis 1934 – publiziert.

Ihre Bücher so komplett wie möglich an die Buch-
handlung Tournier zu liefern.

In alter und herzlicher Verbundenheit

André Gide

17. Gide an Simenon

Sidi Bou Saïd, Tunis

21. August 1942

Lieber Simenon,

ich bin derart beschämt von meinem Schweigen,
daß ich Ihnen kaum noch zu schreiben wage. Ich
hatte Ihnen meinen Besuch in Aussicht gestellt,
wovon ich mir ein lebhaftes Vergnügen und großen Nutzen für uns beide versprochen hatte. In
einer Laune hat es mich nach Tunesien verschla-
gen, und nun weiß ich noch nicht so recht, wann
ich wieder zurückkommen kann. Ich bin hier nicht
schlecht bei neuen Freunden untergebracht und
arbeite in einem weg den ganzen langen Tag. –
Habe Sie in der letzten Zeit oft gelesen und wiedergelesen, gebe Sie an meine Umgebung weiter
(man kennt Sie so wenig und so schlecht!). Ich
schreibe an die N. R. F., um zu bitten, mir diejenigen Ihrer Bücher zu schicken, die ich am meisten

mag, mir hier aber nicht beschaffen kann (– nicht
aufzutreiben sind die bei Fayard erschienenen). –
Habe das MS von ›Pedigree‹ mit größter Sorgfalt
gelesen. Unvergleichlich besser als die erste Fassung. Aber ... Wenn Sie die Ansicht eines Freundes wollen: die elegische Veranlagung von Elise
wird mit zuviel Nachdruck geschildert; ihre Cha-
rakterzüge sind überbetont, ihre Tränenausbrüche
zu häufig ... Aber dann sage ich mir wieder, daß
diese minuziöse Gründlichkeit den Charakter des
Buches ausmacht. – Désiré: sehr gut, diese ganz
zurückhaltende Schilderung; ebenso Léopold. Auch
die Figuren der Schwestern, die Sie, nicht immer
sehr glücklich, in ›L'Oncle Charles‹ wiederaufneh-
men. Ein Ratschlag: Vorsicht mit unvollendeten
Sätzen, mit ›...‹; ein einfaches Stilmittel, das jedoch
durch den übermäßigen Gebrauch, den Sie davon
machen, jegliche Wirkung verliert. Ganz allge-
mein: sehr gute Arbeit – fahren Sie so fort; nicht
locker lassen. – Inzwischen müssen Sie ja wohl
schon sehr weit gediehen sein; ich warte mit Spannung auf die Ankunft der Mieter, die sich in der
Familie festsetzen. – Wie gesagt, sehr gute Arbeit,
aber ein wenig zu ... zu still, zu behäbig – man
merkt nichts von der ›Trance‹, in der Sie doch so
groß sind. – Wann werden wir uns wohl einmal
treffen? Ich hätte Ihnen so viel zu sagen! (Habe
beim Lesen eine Menge Aufzeichnungen gemacht.)

Ich glaube, Sie gut zu kennen, und zwar nicht nur Ihre außergewöhnlichen Fähigkeiten, sondern wohl auch Ihre (bisherigen) Grenzen – und vor allem darüber möchte ich mit Ihnen sprechen. »Er beschreibt immer den abgestumpften, den gescheiterten und haltlos dahintreibenden Menschen; das von den Umständen besiegte, vom ›Milieu‹ und der ›Umgebung‹ aufgefressene Individuum.« – Warum eigentlich nicht? Daraus leitet sich, vielleicht ohne Ihr Wissen, so etwas wie eine ziemlich bittere Philosophie ab. Aber schließlich gibt es nicht nur verkrachte Existenzen. Unter einem schlechten Stern geboren sein? Ja, das gibt's. Aber man wünschte sich auch, Sie einmal mit der schwerwiegenden Frage konfrontiert zu sehen: »Wessen ist ein Mensch fähig?« Und zwar so, daß er zum Schluß eben *nicht* besiegt wäre. – Sie schulden uns Großes. Ich ahne es voraus; ich warte darauf.

Meine Empfehlung an Ihre Frau; dem Kind alles Liebe.

In aufmerksamer und herzlicher Ergebenheit

Ihr

André Gide

220, rue Michelet

Algier

11. Dezember 1944

Mein lieber Simenon,

wie froh bin ich, daß ich (endlich!) etwas von
Ihnen höre! Ich wollte, Sie hätten Erfreulicheres
zu berichten – ich kann Sie mir nur schwer krank
vorstellen, Sie, der Sie mir so widerstandsfähig
erschienen waren. Dennoch – aus dieser schweren
Prüfung werden Sie eine Lehre und Nutzen ziehen, daran zweifle ich nicht. Gute Gesundheit als
Dauererscheinung hat eine Art Dummheit zur
Folge; Menschen, die nie körperlich gelitten haben,
halten diesen Zustand für selbstverständlich und
wissen nichts über eine gewisse geheime Abhängig-
keit des Geistes vom Körper. Werden Sie nun aber
bald gesund, damit Sie leichten Herzens aus dieser
neuen Erfahrung Gewinn schlagen können.

Ich habe mich sehr um Sie gesorgt, habe Sie im
noch nicht befreiten Gebiet gewähnt und mir vor-
gestellt, Sie könnten den oft grausamen deutschen
Schikanen ausgesetzt sein. Wußte nicht, wo ich Sie
erreichen konnte ... Was mich betrifft, so geht es
mir so gut wie unter den Umständen möglich;
dank der Anhänglichkeit einiger neugewonnener
Freunde habe ich diese Zeit der Angst und Ent-

behrungen ohne allzu große Bedrängnis überstan-
den. Nachdem ich im Mai 1942 die Alpes-Mari-
times verlassen hatte, habe ich während der
deutschen Besatzung in Tunis gelebt – den letzten
Monat im Versteck. Hinterher in Algier, dann in
Fez und wieder in Algier. War bei sehr guten
Freunden untergebracht. Habe wenig gearbeitet
(habe immerhin meinen ›Theseus‹, der mich seit
über einem Vierteljahrhundert stark beschäftigte,
zu Ende geführt und bin ganz zufrieden damit);
wenig *gelebt*, viel gelesen. Habe wiederholt (im
ganzen dreimal) meine ›Simenon-Kur‹ gemacht,
d. h. alle Bücher von Ihnen, die ich mir in Tunis,
in Fez oder Algier beschaffen konnte, gelesen oder
wiedergelesen. Stand zu meinem großen Bedauern
vor sehr dürftig ausgestatteten Bibliotheken;
konnte zu noch größerem Bedauern Ihre letzten
Werke nicht kennenlernen. Die immer noch mäch-
tige ›Legion‹ hat – ganz wie in Nizza – den Vortrag mit Textproben unterbunden, den ich über Sie
halten wollte und seit langem bereithalte; nun ja,
er wird schon noch irgendwann ans Tageslicht
kommen – in Form einer langen Studie[14] mit einer
Menge Zitate. Ich hätte sie Ihnen vorlegen, mit
Ihnen darüber sprechen wollen und bin beküm-
mert, daß Sie zu einer Zeit außer Reichweite

14 Der Anfang dieser Studie, die Gide nicht vollendet hat, ist im
Besitz von Mme Gaëtan Picon.

waren, in der meiner Ansicht nach ein Zusammentreffen für uns beide so gewinnbringend gewesen wäre. Ich bilde mir nämlich ein, Sie gut beraten zu können; da ich nun beginne, Sie so gut zu kennen, da ich Sie so gut verstehe und so liebevoll besorgt bin, Verständnis für Sie zu wecken und zu vertiefen: Sie stehen einfach in einem falschen Ruf (ganz wie Baudelaire, oder Chopin). Aber nichts ist schwieriger, als die Öffentlichkeit dazu zu bringen, ihr erstes, übereilt gefälltes Urteil zu revidieren. Sie bleiben also Sklave Ihrer ersten Erfolge, und die Trägheit des Lesers möchte Ihre Errungenschaften darauf beschränkt sehen. Mein ganzer Vortrag zielt überhaupt darauf ab, zu zeigen – zu beweisen –, daß Sie weit *bedeutender* sind als gemeinhin angenommen. Der große Vorwurf, den man Ihnen machen könnte, ist, daß Sie vorzugsweise und beinahe ausschließlich stumpfe, willenlose Typen beschreiben. Sie haben gewonnenes Spiel, wenn es Ihnen erst gelungen sein wird, auch andere zu erfassen, und selbst wenn Sie dabei zeigen sollten, daß auch sie – also die Aktiven, die ›Helden‹ – auch nur Menschen sind, die *gelenkt* werden. Wie dem auch sei – schließlich sind Sie selber ja doch das Gegenteil von willenlos, und Sie stellen es unter Beweis. Und deshalb erwarte ich mir auch viel von ›Pedigree‹, würde es jedoch für zweckmäßiger halten, die Veröffentlichung noch zu verschieben ... Ach, daß ich Sie nicht treffen, mit Ihnen sprechen kann! Ich habe meine Rückkehr nach Frankreich auf das Frühjahr verschoben; vielleicht kann ich Sie dann – inzwischen ganz gesund – aufsuchen.

Ich hoffe, Frau und Kind sind wohlauf.

In alter Treue und Aufmerksamkeit

Ihr

André Gide

19. *Simenon an Gide*

Les Sables-d'Olonne (Vendée)
18. Dezember 1944

Mon cher Maître, verehrter Freund,

welche Freude heute morgen bei Ihrer Nachricht, die mir soviel Zuneigung und gute Neuigkeiten bescherte! Sie brachte auch ein wohltuendes Gefühl der Entspannung: all die Kontakte, die man so sehr entbehrt und ersehnt hat, sie kommen endlich wieder zustande und geben einem das Gefühl, am Endes des Tunnels angekommen zu sein. Ich kann jetzt nachempfinden, was der Krieg für Sie war, kann Sie zeitlich und räumlich einordnen und finde Sie in Afrika wieder – wie sonst auch zu dieser Jahreszeit. Ich weiß, daß Sie bald zurückkommen, daß ich Sie also sehen werde. In der langen Abgeschiedenheit der letzten Jahre, während der man weder wußte, was die Zukunft bringen, noch was man hinterher wiederfinden würde – in dieser Zeit habe ich es mir etliche Male als schuldhafte Nachlässigkeit, als unverzeihliche Leichtfertigkeit angekreidet, daß ich niemals eines jener langen Gespräche mit Ihnen hatte, die ich mir immer so sehr gewünscht habe. Und das, obwohl Entfernungen damals praktisch keine Rolle spielten! Wegen ein paar hundert Kilometer hat man gezögert; man wollte erst irgendwelchen belanglosen Verpflichtungen nachkommen. Und dann, von einem Tag zum anderen, hat man erkannt, was man verloren hatte ... Glauben Sie mir, mon cher Maître, diese Reuegefühle sind weniger egoistisch, als es scheinen mag. Was ich meine, ist ungefähr Folgendes: daß wir im Leben die Chance haben, zwei bis drei, wenn's gut geht, vier (?) echte Freundschaften zu schließen; zwei- oder dreimal hat man Gelegenheit, mit einem anderen menschlichen Wesen voll Kontakt aufzunehmen. Welcher Irrsinn, an einem solchen Geschenk der Götter vorbeizugehen! Und je weiter ich in Ihr Werk eingedrungen bin, desto mehr habe ich mir dieses Versäumnis übelgenommen. Ich freue mich um so mehr auf Ihren ›Theseus‹, als Sie ihn länger als anderes mit sich

63

herumgetragen und dieses Werk zu einem Zeitpunkt geschrieben haben, zu dem Sie sicherlich
wahrhaft aus dem Vollen schöpfen können. Das
bringt mich zu einer Frage, die mich oft gequält
hat und auch heute noch beschäftigt: die Frage,
wieviel Zeit einem schöpferischen Menschen be-
schieden ist. Zum Beispiel beneide ich Goethe
schrecklich darum, daß er die ganze Skala des
menschlichen Erfahrungsbereichs durchlaufen
konnte. Ich komme sogar zu dem Punkt, wo ich
glaube, ein Künstler muß notgedrungen unfertig
bleiben, wenn ihm diese Skala in ihrer vollen
Breite vorenthalten bleibt.

Verzeihen Sie mir dieses recht banale Gerede.
Ich würde mich so gern mit Ihnen unterhalten, daß
ich es nun ganz automatisch schriftlich tue. Aber
andererseits – ich möchte so viele Dinge sagen, daß
mir nichts einfällt . . . Ich bin wie Sie der Meinung,
daß die Krankheit heilsam für mich gewesen sein
dürfte – und zwar nicht nur die Krankheit, sondern auch das lange Auf-sich-selbst-Beschränkt-
sein in diesem Krieg. Sie haben nicht viel gelebt,
sagen Sie. Was mich betrifft, ich habe überhaupt
nicht gelebt. Ich glaube sogar, daß mein Heißhun-
ger nach Leben sich weitgehend beruhigt hat. Ich
habe in meiner Ecke vor mich hingearbeitet. Vor
und nach ›Pedigree‹ habe ich einige Romane geschrieben, die nicht erschienen sind; ich habe sie für

die Zeit nach dem Krieg aufgehoben. Jedesmal glaubte ich, endlich einen ganzen Passivsaldo (das Wort paßt hier schlecht, aber ich finde kein anderes) loszuwerden, der auf mir lastete. Und jedesmal mußte ich erkennen, daß noch ein wenig Bodensatz übriggeblieben war. So gegen März dieses Jahres, nachdem ich die Arbeit an ›La Fuite de Monsieur Monde‹ (erscheint in drei Wochen) abgeschlossen hatte – da hatte ich das ganz bestimmte Gefühl (und habe es noch), daß ich wirklich das Wort ›Ende‹ schreiben konnte, daß ein Abschnitt meines Lebens vorüber war und ein neuer begann. Worin er besteht, was er bringen wird, weiß ich noch nicht zu sagen. Aber ich spüre ihn herankommen, und es sieht so aus, als ob Sie das auch gespürt hätten. Kann ich sagen, um es melodramatisch auszudrücken, daß meine Fragen von mir genommen sind? Seit einigen Wochen habe ich in meinem Krankenzimmer über einen künftigen Roman nachgedacht. Aber immer fehlte noch etwas – ich konnte sozusagen den Schlüssel nicht im Schloß herumdrehen. Heute morgen nun, nachdem ich in einem Sonnenstrahl Ihren Brief gelesen hatte, ist mir das, was ich vergebens gesucht hatte, plötzlich wie von selbst zugeflogen. Seither habe ich nur noch den einen Gedanken, mich so schnell wie möglich wieder an die Arbeit zu machen. Wenn es mir im Frühjahr also vergönnt sein wird, Sie endlich zu sehen, kann ich Ihnen über das, was ich vorhabe, vielleicht schon Konkreteres mitteilen. Wie sehr aber werde ich mich nach dem langen, langen Gespräch, das Sie mir versprochen haben, bestärkt fühlen! Ich habe schon so lange die Empfindung, daß Sie mir helfen werden, diesen Reifeprozeß, der so schmerzvoll und manchmal fast dramatisch war, aus der Krise herauszuführen! Weiß Gott, ich harre Ihrer Ratschläge – und im Augenblick mit um so größerer Ungeduld, als ich Sie ganz nahe fühle ... Sollte ich diesen Winter die Möglichkeit dazu haben, dann weiß ich nicht, ob ich der Versuchung widerstehen kann, sie mir da unten bei Ihnen holen zu kommen.

In bezug auf ›Pedigree‹ bin ich völlig Ihrer Meinung. Es gibt sogar Augenblicke, in denen ich mich frage, ob ich da nicht in die Irre gegangen bin; es gibt allerdings auch Momente, in denen mir dieses umfangreiche und mühsam entstandene Werk wieder am Herzen liegt – vielleicht aus ganz dummen, sentimentalen Gründen. Auf jeden Fall habe ich nicht die Absicht, dieses Buch zu veröffentlichen – wie übrigens auch nichts von dem, was ich jetzt vorhabe –, bevor dieses Gespräch stattgefunden hat, von dem ich mir (zu meiner Schande muß ich es gestehen) nicht nur eine große Freude, sondern auch großen Nutzen und vielleicht tiefen Frieden erhoffe.

Ich bin noch einige Tage oder Wochen lang hier in Les Sables-d'Olonne, wo ich mich vollends auskuriere. Nach dem neuesten Stand der Dinge besteht keinerlei Verdacht auf Tuberkulose. Ich habe dreimal hintereinander ›dumme Geschichten gemacht‹ – mir dreimal das zugelegt, was man im gewöhnlichen Sprachgebrauch Lungenentzündung nennt –, und diese Wiederholung hat die Ärzte doch stark beunruhigt. Heute sind sie wieder zuversichtlich und machen mir Hoffnung, daß in ein paar Wochen nicht das geringste zurückgeblieben sein wird. Reiner Gewinn demnach: Ich habe die nützliche Erfahrung der Krankheit gemacht, ohne daß die Drohung von Folgeerscheinungen auf mir lastet.

Ich möchte diesen Brief zum Anlaß nehmen, Ihnen alles Gute zu wünschen – ein Jahr zu wünschen, so prall gefüllt wie eine Frucht der sonnendurchglühten Gegenden, in denen Sie sich aufhalten. Und lassen Sie mich Ihnen Dank sagen, einen ganz aufrichtigen Dank – ich kann mich nicht daran gewöhnen, Ihre Briefe anders entgegenzunehmen als ein Geschenk, das um so wunderbarer ist, als ich es als unverdient ansehe. So sehr, daß ich mich meinerseits bemühe, Ihre Freundlichkeit Zinsen bringen zu lassen und – ungeschickt zwar und ohne Anspruch auf Kompetenz – den paar jungen Leuten, die sich an mich wenden, ein wenig von dem Vertrauen und der Wärme weiterzugeben, mit denen Sie mich so reichlich bedenken. Seien Sie versichert, daß meine Bewunderung und meine Zuneigung auch unabhängig von diesem Ansporn bestehen; was meinen Dank betrifft, so findet er keine Worte mehr.

Und nun warte ich auf das Geschenk Ihrer Anwesenheit und Ihres Wortes – da Sie es mir ja anbieten. Von selbst hätte ich Sie nicht darum zu bitten gewagt.

Ihr Simenon

P.S. Meine Frau und mein Sohn sind hier bei mir; es geht ihnen sehr gut. Mein Sohn ist ein Junge von fünfeinhalb Jahren, dem ich Lesen und Schreiben beibringe. Er war für mich ein wirklicher Gefährte der trüben Jahre, und ich glaube, ohne ihn hätte meine Lebenslust die Oberhand gewonnen und mich verleitet, mich anderswohin abzusetzen. Nun, ich bin hiergeblieben. Ob das nun gut ist oder schlecht – die Zukunft wird es lehren.

21, place de Vosges, Paris
Dienstag (Juni 1945)

Mon cher Maître,

ich war so glücklich, Sie neulich abend wiederzusehen, und – warum soll ich es nicht sagen – so bewegt, daß ich von diesen paar Stunden einen recht
unzusammenhängenden Eindruck behalten habe.
Ein gewisses Unbehagen ist auch da, denn ich habe
ja geredet und geredet, und immer nur von mir,
während ich ganz im Gegenteil doch so gern von
Ihnen gesprochen hätte. Was mich etwas zuversichtlich stimmt, ist der Eindruck, daß ich weniger
einem egoistischen Bedürfnis (von dem ich mich
freizumachen versuchen werde) nachgegeben habe
als vielmehr Ihrer freundlichen Neugier. Sollte
ich mich da irren, möchte ich Sie bitten, mir diesen
etwas erdrückenden Redeschwall nachzusehen.

Darf ich mir erlauben, nun meinerseits Ihre Zeit
in Anspruch zu nehmen und Sie zu bitten, mit mir
zu Mittag oder zu Abend zu essen? Hier in Paris
habe ich kein Hausmädchen – um so mehr nehme
ich mir also heraus, wenn ich Sie einlade. Wo würden Sie gern hingehen? Diese Frage bereitet mir
etwas Kopfzerbrechen. Ich kenne da in der Nähe
der place de l'Etoile eine friedliche ›Hostellerie‹,
die auf historisch zurechtgemacht und ziemlich

langweilig ist – bis auf die ausgezeichnete Küche,
die beinahe Vorkriegsqualität hat. Wir können
auch mit dem Wagen ein paar Kilometer aus Paris
hinausfahren, zu einem nicht weniger langweiligen
Gasthaus, das am Wasser und im Grünen liegt.
Und falls Sie für ein paar Stunden frei sein sollten,
könnten wir auch etwa fünfzig Kilometer außerhalb in die ›Junggesellenkneipe‹ am Seineufer
gehen, in der Alphonse Daudet und Zola so gern
einkehrten ... Ich weiß nicht – Sie haben soviel
Sinn für den passenden Rahmen, daß ich eine ganze
Woche lang gezögert habe, Ihnen diesen Brief zu
schreiben. Und doch möchte ich Sie gern ein weiteres Mal sehen.

Nehmen Sie mir meinen Vorstoß bitte nicht
übel und geben Sie mir ganz offen Bescheid. Würden Sie bitte den Ihnen befreundeten Damen, die
mich mit soviel Gastfreundschaft und Wohlwollen
aufgenommen haben, meine respektvolle Empfehlung übermitteln?

Ich darf Sie, mon cher Maître, meiner herzlichsten, quasi-kindlichen Zuneigung versichern.

Ihr ergebener
G. Simenon

Meine jetzige Adresse ist 21, place des Vosges,
Paris 3^e. Leider konnte ich bisher noch keinen Te-
lefonanschluß bekommen. Die einzigen Abende,

an denen ich diese Woche nicht mehr frei bin, sind
Dienstag und Mittwoch.

21. Gide an Simenon

Paris, 5. Juni 1945

Lieber Simenon:

Ja – sehr gern! Würde Ihnen Freitag, der 8. passen? Das würde Ihnen auch genug Zeit lassen, mir
die Adresse der ›Hostellerie‹ zu schreiben (oder
mich anzurufen: Invalides 18–03), damit ich weiß,
wo ich Sie zum Abendessen treffen werde. Gegen
acht Uhr wird Ihnen sicher recht sein, oder auch
etwas früher, wenn Ihnen das lieber ist.

Von ganzem Herzen

André Gide

Paris, place des Vosges
Dienstag nachmittag (Juni 1945)
Welche Freude, zweimal Post von Ihnen zu haben! Wie kann ich nur so zerstreut sein: ich hatte
die Bücher für Sie sorgfältig auf einen Stapel getan, und als ich dann das Paket packte, habe ich
das Wichtigste vergessen – ich werde es Ihnen
morgen bringen lassen.

Die noch größere Freude, das wissen Sie ja: Sie
zu treffen, wann es *Ihnen paßt.* Ich gestatte mir
nie, Sie einzuladen, aber Sie sollen wissen, daß ich
immer bereit bin, überall hinzukommen, wo Sie
wollen. Möchten Sie, daß wir zusammen zu Mittag
essen – egal wo? (Der Wagen hat einen neuen Motor und läuft wieder). Oder daß wir uns zum
Abendessen treffen? Oder uns sonstwie sehen?

Ich bin nur Mittwoch von 10°° bis 13°° und
Samstag zum Mittagessen verabredet.

Ein kurzer Bescheid von Ihnen per Rohrpost –
sind Sie so nett? Vielen Dank im voraus. Ich kann
es nicht erwarten, Ihnen zuzuhören (das sage ich
immer – und dann rede ich doch fortwährend!).

Ihr sehr freundschaftlich ergebener
G. Simenon

Paris

Donnerstag früh (Juni 1945)

Lieber Simenon,

wie vereinbart: dieser Rohrpostbrief von heute,
Donnerstag früh, zur Bestätigung unseres schönen
Plans. Von meiner Seite aus wenigstens bleibt es
dabei; wenn ich also nichts Gegenteiliges von Ihnen
höre, bin ich Samstag ab 9.30 Uhr abholbereit.

Pierre Herbert kann wegen wichtiger Geschäfte
nicht mitkommen. Wir sind also nur zu zweit im
Wagen – es sei denn, daß Madame Simenon . . .
oder (und?) Ihr kleiner Marc . . . (Diesmal führe
ich meine Sätze nicht zu Ende!) – das könnte sehr
nett sein.

Auf das Telegramm, in dem ich unsere Ankunft
angekündigt hatte, telegraphierte meine Schwägerin zurück: »Würde mich freuen, dich hier zu emp-
fangen; Verpflegung schwierig, Übernachtung
gern« – (ich hatte drei Gäste angekündigt: mich
und zwei Freunde).

Das bedeutet also, daß wir entweder Lebens-
mittel mitbringen oder in Fécamp zu Abend essen
müssen. Das erstere erscheint mir günstiger und
würde mir auch etwas mehr Zeit lassen, mich mit
meiner Schwägerin zu unterhalten. Wir hätten
dann auch die Möglichkeit, am Sonntag morgen

relativ zeitig wieder aufzubrechen. Am besten, Sie
rufen mich Freitag vormittag an (Invalides 18–03),
damit wir alles Nötige besprechen.

In freudiger Erwartung

Ihr
André Gide

24. *Simenon an Gide*

Freitag (Juni 1945)
Gerade kommt meine Frau mit meinen Büchern
von Saint-Mesmin zurück. Beigefügt übersende ich
Ihnen die, die Ihnen aus der Fayard-Ausgabe noch
fehlen, außerdem ›La Veuve Couderc‹. Wie Houde
mir mitteilt, sollen die restlichen Gallimard-Bände
für Sie aufgetrieben worden sein. Wenn nicht – ein
kurzer Bescheid, und ich schicke Ihnen die, die ich
noch besitze.

Die zwei Tage, die Sie freundlicherweise mit mir
verbracht haben, sind mir in wunderbarer Erinnerung. Das Auto mit seinem neuen Motor ist auch
viel munterer als vorher. Houde hat mir gestern
das Buch von [unleserlich] gegeben; ich habe sofort
damit angefangen. Ich werde Ihnen schriftlich berichten, sobald ich damit fertig bin.

Haben Sie ›Ferchaux‹ fertiggelesen, und sind Sie nicht enttäuscht?

Ich freue mich darauf, Sie wiederzusehen.

Vielen Dank nochmals für die beiden Tage in der Normandie, mon cher Maître. Sehr herzlich

Ihr ergebener
Simenon

25. *Gide an Simenon*

Paris, 6. Juli 1945

Lieber Simenon,

wäre es möglich, Sie vor Ihrer Abreise nach Kanada nochmals zu sehen – und sei es auch nur kurz?

Bei der N.R.F., wo ich mit der Hoffnung hinkam, Sie dort zu treffen, waren Sie gerade weggegangen.

Haben Sie den ›Démon mesquin‹ bekommen? Ich hatte Hirsch gebeten, ihn Ihnen zu übermitteln. Ich wollte mit Ihnen auch noch über ›L'Aîné des Ferchaux‹ sprechen. Vergessen Sie nicht, daß Sie mir ›La Veuve Couderc‹ in Aussicht gestellt hatten.

Jedesmal, wenn ich Ihre Bücher lese, mache ich

mir jetzt Notizen – und meine besten, aber allzu seltenen Mußestunden verbringe ich mit Ihnen.

Ihr sehr aufmerksamer

André Gide

26. *Gide an Simenon*

Paris, 12. Juli 1945

Lieber Simenon,

immer noch ohne ›Veuve Couderc‹! Ich hätte das Buch aber gern gehabt, bevor ich Sie wiedersehe. Ich fasse mich einstweilen in Geduld und lese ›Le Petit Docteur‹, ›Picpus‹ und ›L'Agence »O«‹ . . .

Sollten Sie noch etwas länger in Paris sein, würde ich unser Treffen lieber auf nächste Woche verschieben. Wenn jedoch Ihre Abreise kurz bevorsteht, dann gehört Ihnen mein Samstagabend. (Das ist der 14., ein Feiertag – vielleicht wollen Sie Marc da die festliche Illumination zeigen . . .?)

Aufmerksam wie immer

Ihr
André Gide

Hotel Claridge
Paris, 12. Juli 1945

Mon cher Maître,

gerade eben habe ich Ihren Rohrpostbrief erhalten. Ich habe die ›Veuve Couderc‹ heute morgen zur Post gegeben – bitte entschuldigen Sie; das Exemplar war schon in den Koffer mit den für Amerika bestimmten Büchern geraten. Überall wurde danach gesucht – nur nicht dort. Hoffentlich sind Sie nicht zu sehr enttäuscht von dem Buch, dem Sie so lange nachlaufen mußten ... Ich habe immer so große Angst, weil ich im Grunde einfach nicht recht glauben kann, Ihre kostbare Freundschaft zu verdienen!

Auf nächste Woche also, da Ihnen das besser paßt. Bestimmen Sie Tag und Stunde – ich bin immer frei. Ja, tatsächlich (es hat mich bewegt, daß Sie daran gedacht haben), Samstag abend will ich meinem Sohn das illuminierte Paris zeigen. Aber das hätte vor der Freude, mit Ihnen zusammenzusein, keinen Vorrang gehabt.

Ich habe den russischen Roman gelesen – langsam gelesen. Ich werde mit Ihnen darüber sprechen. Sehr erschütternd für mich.

Ihr treu ergebener
Simenon

Paris, 14. Juli 1945

Lieber Simenon,

Raymond Mortimer, der Sie bewundert, ist in
Paris und hat den lebhaften Wunsch, Sie zu treffen.
Ich würde Sie beide gern bei einem gemeinsamen
Abendessen zusammenführen. Donnerstag, der 19.
– würde Ihnen das passen? Vorher ist Mortimer
wegen einiger Konferenzen in Lille. Natürlich
möchte ich Sie einladen; da Sie über die Restau-
rants aber viel besser als ich Bescheid wissen, wäre
ich Ihnen sehr dankbar, wenn Sie das Ganze arran-
gieren würden. Bestimmen Sie also bitte auch den
Ort, an dem wir uns treffen sollen (Mortimer
wohnt in der britischen Botschaft).

Ich habe die ›Veuve Couderc‹ (schönen Dank!)
gleichzeitig verschlungen und genossen. Pierre
Herbart hat die Vorzüge des Buches keineswegs
übertrieben, und meine Bewunderung steht der
seinen nicht nach. Es gibt da frappierende Analo-
gien zu ›L'Etranger‹, dem Buch von Camus, das in
aller Munde war; ich finde jedoch, daß das Ihre
viel weiter geht, *ohne daß man es gleich gewahr
wird* und wie unbewußt –, und das ist Kunst in
höchster Vollendung. Wir werden uns noch darüber unterhalten, nicht wahr – und auch über den
›Aîné des Ferchaux‹, der sich recht schwer tut und

ziemlich lange braucht, sich vom Handicap Ihres unvorsichtigen Vorworts zu befreien ...

Viel Spaß bei der Illumination heute abend!

Stets Ihr

André Gide

P.S. Im letzten Moment habe ich den Umschlag nochmals geöffnet – ich hatte Bedenken bekommen, Sie könnten sich von mir überrumpelt fühlen, daß ich Mortimer auf diese Weise bei Ihnen einführe. Ich kann Sie aber beruhigen: Mortimer ist ein ganz reizender Bursche und großer Frankreich-Verehrer. Außerdem – wenn Ihnen auch nicht bekannt – einer Ihrer besten Freunde in England: er verfaßt die Begleittexte zu den Übersetzungen Ihrer Bücher.

29. *Gide an Simenon*

Paris, 21. Juli 1945
Samstag morgen

Lieber Simenon,

Roger Martin du Gard schlägt Dienstag, den 24., oder Donnerstag vor (eventuell auch Freitag, wenn keiner der beiden anderen Tage Ihnen paßt). Verspricht sich, wie auch ich, einen sehr angenehmen

Abend. Holen Sie uns doch alle beide um sieben Uhr hier in der rue Vaneau ab, wie damals an dem wunderschönen Abend mit Mortimer, wo dank Ihrer Vorbereitungen alles so glänzend verlaufen ist ... Ist Ihnen das recht?

Nur der Tod von Valéry und der Nachruf, den man von mir erwartet, trennt mich noch von ›La Fenêtre des Rouet‹; zuerst muß ich dieser Freundespflicht nachkommen.

Herzlich

Ihr
André Gide

30. *Simenon an Gide*

(Ende Juli 1945)

Mon cher Maître,

anbei die Bücher, bis auf ›Le Coup de lune‹, von dem wir kein einziges Exemplar mehr haben (Fayard auch nicht) und ›Maigret revient‹, wovon Gallimard mir nie ein Exemplar geschickt hat.

Bis eine neue Sendung eintrifft, die Yolande mir in Kürze versprochen hat, füge ich einige amerikanische Werke bei.

Ich war wirklich angetan von dem Abend, den wir mit Martin du Gard verbracht haben.

Ich fühle mich in Ihrer Gesellschaft immer sehr glücklich und stehe Ihnen zur Verfügung, wo und wann immer Sie es wünschen. Ich habe Leriche geschrieben und ihn um seine ›Chirurgie de la douleur‹ gebeten; meine Bücher sind nämlich, in Kisten verpackt, in der Vendée und unzugänglich.

Ich habe den Eindruck, daß ich beginne, Sie besser kennenzulernen, und Sie werden mir dadurch nur um so lieber – nicht ohne daß ich zugleich schrecklich ›beeindruckt‹ bliebe.

Ihr ganz ergebener
Simenon

31. *Gide an Simenon*

Neuchâtel, 3. September 1946
Mein lieber Simenon,
ich fühle mich schrecklich ›in Verzug‹ Ihnen gegenüber. In Ihrem Brief vom 6. August[15] schrieben Sie mir: »Ich habe unseren Freund Schiffrin getroffen,

15 Dieser Brief ist (wie noch andere) nicht in den Unterlagen der Bibliothèque Doucet enthalten. Zwischen Juli 1945 und Oktober 1948 gibt es keine Briefe von Simenon.

der mir erzählt hat, er habe von Ihnen einen Brief
bekommen, in dem Sie sagen, daß Sie mir schreiben wollen.« Das stimmt – das stimmte. Der Brief
wurde von Woche zu Woche verschoben – als Antwort auf den langen und so vorzüglichen Brief von
Ihnen konnte ich mich nicht mit einem Allerwelts-
schrieb begnügen. Und da es mir nicht gelang, das
Beste zu geben, habe ich gewartet und Ihnen zum
Schluß nicht geantwortet, habe Ihnen gar nicht
geschrieben – im Vertrauen auf Ihre Freundschaft
und darauf, daß Sie mir mein langes Schweigen
nicht übelnehmen.

Als ich vom ›Jeune Barreau‹ für den 24. Juni
des Jahres zu einem Vortrag in Brüssel aufgefor-
dert wurde, habe ich drei Themen vorgeschlagen:
1. Lesung aus meinem noch unveröffentlichten
›Theseus‹; 2. Die Romane von G. Simenon und 3.
Wiederholung des kürzlich in Beirut (am 12.
April) gehaltenen Vortrags (– großer Erfolg und
ein kleiner Skandal, der mir durchaus gelegen und
erwünscht war). Man entschied sich für das dritte
Thema. Begeisterte Aufnahme. ›Brüssel hat sein
Gutes‹ – wie Sie gesagt haben. Wie im Libanon,
habe ich auch in Belgien mit folgenden Worten ge-
endet: »Ich glaube an die Stärke der kleinen Zahl.
Ich glaube an die Stärke der kleinen Völker. Die
Welt wird durch einige wenige gerettet werden.« –
Bravorufe ... Dabei hatte ich sogar nur meine

Überzeugung zum Ausdruck gebracht. Und ich habe das Gleiche vor kurzem in Österreich gesagt, wo es ebenfalls ... [unleserlich].

Doch seit diesem kleinen internationalen Studentenkongreß in der Nähe von Innsbruck, zu dem ich mein Kommen zugesagt hatte (nachdem ich vorher die Teilnahme an den ›internationalen Konferenzen‹ von Genf, die überaus strapaziös sind, abgelehnt hatte), geht es mir ziemlich schlecht. Ich habe mich in die Schweiz geflüchtet, nach Neuchâtel, zu Freunden[16], die über mein Incognito wachen. Gepeinigt von einer (überaus schmerzhaften) Zahnfleischentzündung, von einem schweren Katarrh niedergeworfen, bin ich eigentlich mehr tot als lebendig und zu Arbeit oder auch nur zu der geringsten Anstrengung nicht fähig. Ah, wie sehr ich Sie um Ihren fröhlichen Arbeitseifer beneide! Ich bin geradezu eifersüchtig ... Sie können sich nicht vorstellen, wie schwer mir diese Zwangspause fällt; ich kann mich einfach nicht damit abfinden. (Es muß allerdings hinzugefügt werden, daß mir die Arbeit bis zu meiner Abreise aus Paris ausgezeichnet von der Hand gegangen ist.)

Wie sehr ich all das billige, was Sie mir über die Erziehung Ihres Sohnes schreiben! Und welchen Genuß ich mir von der Lektüre des von Ihnen

16 Die Heyds

angekündigten Buches ›Trois ... à Manhattan‹[17]
erwarte!

Weniger kann ich eine Veröffentlichung von
›Pedigree‹ billigen – hier, fürchte ich, werden Sie
Ihre Leser nur enttäuschen. Es soll mir natürlich
nur recht sein, wenn sich beim Wiederlesen mein
erster Eindruck nicht bestätigt. Einstweilen konnte
ich darin die außergewöhnlichen und einmaligen
Qualitäten, die ich so vielen Ihrer Bücher beimesse,
nur spärlich entdecken.

Das Dossier ›G. S.‹, das eine Vielzahl von Notizen und den Entwurf meiner Studie über Sie ent-
hält, ist in Paris geblieben. Ich kann es weder hierher kommen lassen noch durch neue Seiten ergänzen, um Ihnen den erbetenen Freundschaftsdienst
zu leisten. Ich bin auch – bitte verstehen Sie das
recht – gar nicht so unglücklich darüber. Gerade
dieses Buch, bei dem ich, obschon es wichtig ist, so-
viele Vorbehalte habe, wäre ein schlechter Ansatz-
punkt für ein Lob – und Sie haben so vieles geschrieben, was ich bewundere und bei dem ich auch
weiß, warum . . .

Wenn ich mich weniger matt fühlte, hätte ich
Ihnen gern noch manches zu Ihren letzten Büchern
gesagt – ich meine jene letzte Serie bei der N.R.F.,
die ich mehrfach lesen konnte –, die sich von den

17 Hier, in Gides Handschrift: ›unleserlich‹. Es handelt sich um
›Trois chambres à Manhattan‹.

vorhergehenden so stark unterscheiden. Sie sind
vielleicht weniger geglückt, interessieren mich aber
ganz besonders wegen des ungewöhnlich starken
Bemühens um – und Bedürfnisses nach – Selbst-
erneuerung, einem Über-sich-selbst-Hinauswach-
sen, das ich dahinter spüre . . . Ich bin gespannt auf
das, was folgt . . . Auf Wiedersehen. Betrachten
und empfinden Sie mich als Ihren aufmerksamen
Freund.

André Gide
Etwa Mitte September werde ich wieder in Paris
(1 *bis*, rue Vaneau) sein.

32. *Gide an Simenon*

15, Evole,
Neuchâtel, den 27. Dezember 1947
Lieber Freund Simenon,
nur weil der Brief an Sie *zu gut* werden sollte,
habe ich Ihnen überhaupt nicht geschrieben. Es
sollte eine Antwort sein auf zwei exzellente Briefe
von Ihnen, die schon ziemlich lange hier liegen;
außerdem wollte ich Ihnen sagen, wie sehr mir die
›Ostendais‹[18] zugesagt haben, und dann wollte ich

18 ›Le Clan des Ostendais‹

mich dafür bedanken, daß Sie mich dazu angeregt haben, die wirklich bemerkenswerten Ausführungen von Leriche zu lesen. Und dann ... Ach, ich könnte dem ja noch so viel hinzufügen! Aber seit zwei Monaten geht es mir gar nicht mehr gut; nachdem ich mich eine ganze Weile recht passabel gefühlt habe, ohne mein Alter allzusehr zu spüren, bin ich jetzt mit einem Mal ein ganzes Stockwerk tiefer gesackt.

Das Zeremoniell bei der Verleihung des Nobel-Preises hat mich noch vollends fertiggemacht, und jetzt (vielleicht sollte ich sagen, seitdem) ist mein Herz keiner Belastung mehr gewachsen. Aber ich möchte Sie wenigstens nicht in dem Glauben lassen, daß ich Sie vergesse, und ich möchte Sie, lieber Simenon, bitten, trotz meines langen Schweigens meine warme, liebevolle und treue Anteilnahme nicht in Zweifel zu ziehen.

Ihr alter Freund

André Gide

P.S. Die Frau des Freundes, bei dem ich hier in Neuchâtel wohne, mußte sich kürzlich einer ziemlich schweren Operation unterziehen. Auf meine Veranlassung wurden gestern achtzehn Bände von Ihnen in die Klinik geschickt, in der sie bis zu ihrer Genesung weilt.

15, Evole, Neuchâtel,

12. und 16. Februar 1948

Mein lieber Simenon,

mag sein, daß es mir etwas besser geht, aber es fehlt mir noch die Kraft, Ihnen einen langen Brief zu schreiben, so wie ich es wollte. Hinzu kommt noch das große Durcheinander, in dem wir hier seit einiger Zeit leben – genauer gesagt, die großen Sorgen wegen meiner Freunde Heyd, die hier meine Gastgeber sind: Jacqueline Heyd hat gerade eben eine Bauchhöhlenschwangerschaft hinter sich gebracht, da wird – während sie noch zur Erholung im Engadin war – Richard, ihr Mann, von furchtbaren Gallenkoliken befallen. Er wird ins Krankenhaus gebracht und operiert; dabei entdeckt man, daß es sich nicht um Gallensteine handelt, sondern um eine mysteriöse und darum recht besorgniserregende Verengung des Gallengangs ... Das alles hat mich Ihnen gegenüber sehr zurückgeworfen, und ich weiß kaum, wo mir der Kopf steht; ich pendle zwischen Krankenhaus und Wohnung hin und her, muß den Freunden von Richard H., der zum Schreiben nicht in der Lage ist, eingehende Berichte über seinen Gesundheitszustand schicken, etc.

Vor zehn Tagen waren wir hier sämtlich von

einer heftigen Simenonitis befallen. Sie hätten sicher gelacht, wenn Sie uns gesehen hätten, wie wir alle in einem Zimmer zusammenhockten und in Ihre Bücher vertieft waren: Richard Heyd in ›Lettre à mon juge‹, Jacqueline H. in ›Il pleut, bergère‹, Jean Lambert, mein Schwiegersohn, in ›Le Haut mal‹, Catherine, meine Tochter, in ›Le Bourgmestre de Furnes‹ und ich selbst in . . . (Ganz am Rande: habe innerhalb von vierzehn Tagen zwölf Ihrer frühen Bücher wiedergelesen. Das ist wie eine Krise – sie erwischt mich jedes Jahr. Aber jetzt lese ich Sie nicht mehr, ohne mir Notizen zu machen, die ich dann in dem inzwischen schon umfangreichen Dossier ablege, das Pierre Herbart mir aus Paris mitgebracht hat, zusammen mit ›Le Cheval blanc‹ und ›Le Haut mal‹. Gallimard ist so freundlich gewesen, uns vierzehn Bände von Ihnen zu schicken, und darüber hinaus haben wir in den hiesigen Buchhandlungen alle verfügbaren ›Fayards‹ aufgestöbert – unglaublich, daß ich ›Les Fiançailles de M. Hire‹ noch nicht gelesen hatte!) Dazu kommen noch die Bände der neuen Serie, hier gekauft oder von Ihnen geschickt – schönen Dank! Sofort verschlungen. Dazu noch Ihre beiden langen Briefe – ich war sehr viel in Ihrer Gesellschaft, bin es noch.

Und es wäre alles einfach, wenn ich Ihnen zu Ihrer neuen Serie nur Positives sagen könnte – es ist immerhin keine Kleinigkeit, Ihnen (und mir selbst) zu erklären, warum ich nicht zufriedener bin. Es liegt wohl auch daran, daß ich viel erwartet habe und daß Sie Ihr wiederholtes Versprechen (nun ja, Versprechen . . . Sie hatten Hoffnungen in mir erweckt), einen Großen Roman zu schreiben, so gut wie nicht gehalten haben. Es ist bestimmt sehr reizvoll, in Ihrem Alter die Große Liebe zu entdecken, aber trotzdem: diese wunderbare Gabe des Einfühlungsvermögens, die es Ihnen (mit oder ohne Maigret) ermöglichte, sich in andere Menschen zu versetzen, selbst ein Anderer zu werden – sie tritt hier zurück zugunsten einer persönlichen Erfahrung, eines Bekenntnisses beinahe; und doch, was für Sie neu ist, ist keineswegs neu in der Literatur. Und wenn ich mich schließlich mehrfach bemüßigt gefühlt habe, gegen den absurden und ungerechten Vorwurf zu protestieren, Sie würden zu schnell schreiben, so habe ich jetzt bei der Lektüre dieser drei Bücher (oder doch zumindest bei ›Lettre à mon juge‹ und ›Trois chambres‹ zum ersten Mal den ärgerlichen Eindruck eines ständigen Sich-Gehen-Lassens. Sie haben es sich leicht gemacht; es sind sozusagen Drillinge aus einem Wurf, mit seitenweise gegeneinander austauschbarem Text und Allerweltsreflexionen wie: »Wenn eine Frau auf eine Frage antwortet, dann wird sie (oder dann beginnt sie zu) lügen . . .« Die vorzüglichen Passagen andererseits, die ich dann auch noch darin finde (›Lettre à mon juge‹: S. 180 ff – beachtlich! Und die Pokerpartie in ›Au Bout du rouleau‹, S. 98 ff), scheinen mir eher auf eine bereits vorher erlangte, abrufbereite Fertigkeit zurück-zugehen als auf neue Ansprüche, die Sie an sich stellen. Man könnte nun sagen, ich nehme mir ziemlich viel heraus, wenn ich so zu Ihnen spreche, vor allem in Anbetracht des Briefes (ich habe ihn noch einmal gelesen), in dem Sie mir schreiben, Sie hätten dieses Buch zwölf Monate mit sich ›herum-getragen‹. Aber Sie werden gewiß spüren, daß ich Ihnen das *als Freund* schreibe. Ich glaube, Sie haben Ihr neues Glück noch nicht verdaut, noch nicht verarbeitet; Sie sind noch trunken davon, und angesichts dieser außerordentlichen Bereiche-rung fehlt Ihnen der Abstand, um es richtig ein-zuschätzen und in Ihre Arbeit einfließen zu lassen. »Im Februar fange ich einen langen Roman an«, schreiben Sie – bravo! Ich erwarte ihn mit unein-geschränktem Vertrauen; bitte fassen Sie meine strengen Worte als freundschaftlich-anspornende Ermunterung auf. Wenn D . . .[19] diesen Brief lesen sollte, dann hoffe ich, sie wird es mir nicht ver-übeln, daß ich so offen zu Ihnen spreche. Ja, gewiß, ich möchte sie kennenlernen – und Sie wieder-sehen: nach Ihren beiden letzten Briefen erst recht!

19 Denise, Simenons zweite Frau

Wenn mein Gesundheitszustand es zuläßt, möchte ich einer sehr liebenswürdigen und dringlichen Einladung nachkommen, im April nach Baltimore zu reisen. Vorgesehen ist eine kurze Ansprache in der Johns-Hopkins-Universität; anschließend wird mir – und einer Begleitperson – ein zwei- bis dreimonatiger Aufenthalt »in einem voll eingerichteten Privathaus mit Personal in Florida oder Südcarolina« angeboten. Tja, und wenn ich mich über die Karte der Vereinigten Staaten beuge, stelle ich fest, daß Arizona verdammt weit weg ist von Florida – vielleicht nicht ganz so weit, daß wir uns nicht doch irgendwie treffen könnten. Ich wünsche es mir so sehr, und wir hätten uns soviel zu sagen! Natürlich würde ich das dickleibige Dossier mit meinen Aufzeichnungen über Sie mitbringen. Es könnte vielleicht ganz nützlich sein, sie zusammen durchzulesen. Von Buch zu Buch suche ich darin nach so etwas wie einem Ariadnefaden, der den Leser durch das Labyrinth Ihres Werkes führt (– beigefügt eine, wenn auch dürftige, Probe). Ich versuche das meistens mit Hilfe von Zitaten, die sich gegenseitig erhellen . . . (Sollte ich plötzlich mal ins Gras beißen, werden sie veröffentlicht, wie sie sind).

Ich kann jetzt nicht mehr. Es kommt mir so vor, als hätte ich Ihnen von dem, was mir am meisten am Herzen lag, noch gar nichts gesagt. Ich möchte

Sie aber auch nicht länger auf diesen Brief, den ich dreimal unterbrochen habe, warten lassen. – Sie glauben nicht, wie mich das, was Sie mir über Marc als Romancier erzählten, bewegt und interessiert – wie alles, was Sie mir über sich berichten! Justin O'Brien[20] ist gerade gegangen; ich habe mit ihm lange über Sie gesprochen. Es geht mir etwas besser, aber ich kann noch keine großen Sprünge machen (– ein wunderschöner Ausdruck!), und das ist diesem Brief anzumerken. Damit ich ihn nicht noch zerreiße, schicke ich ihn ganz schnell ab, mit meinen herzlichsten Wünschen. Ihr aufmerksamer Beobachter

André Gide

20 Professor für französische Literatur an der Columbia University in New York; verstorben 1968, Autor von ›A Portrait of André Gide, A Critical Biography‹, Knopf: New York 1953.

34. *Gide an Simenon*

Paris, 11. März 1948

Lieber Freund,

wie kommt es, daß ich ›Le Testament Donadieu‹[21]
noch nicht kannte! Ich weiß nicht, wie ich mir das
erklären soll – 1936!

Wie konnte ein solches Buch unbeachtet bleiben – sogar von mir, der ich doch so lange schon
auf der Lauer liege . . . Ein bemerkenswertes Buch,
und so verschieden von allen anderen: keine Zen-
tralfigur mehr, sondern ein gutes Dutzend an-
einandergereihter und miteinander verzahnter
Geschichten, alle auf derselben Erzählebene – daß
Sie das so zustande gebracht haben . . . Ich bin
verwundert und zweifle nicht mehr daran, daß Sie
zu allem und jedem fähig sind, daß Sie das
Schwierigste und das Größte meistern . . .

Bin seit acht Tagen in Paris zurück und habe
Lambry konsultiert. Es ging einfach nicht mehr so
weiter. Immerhin besteht Hoffnung, daß das Herz
sich einigermaßen erholt – aber nur bei fast abso-
luter Ruhe. Von Amerika und unseren schönen
Wiedersehensplänen da unten kann allerdings

---

21 Gide vergißt, daß er das Buch 1938 gelesen hat. Vgl. den Brief
von Simenon, wonach Gide mit ihm telefonisch über ›Donadieu‹
gesprochen hat. Außerdem Brief 3 von Gide an Simenon vom 6.
Januar 1939.

keine Rede mehr sein ... Die geringste Anstrengung entkräftet mich völlig.

Wußten Sie, daß Bernanos zu Ihren glühendsten Verehrern zählt? Ich kenne ihn zwar nicht persönlich, bin aber trotzdem hocherfreut darüber.

Ich denke oft an den *Roman*, von dem Sie gesprochen haben, und stelle mir vor, wie Sie daran schreiben. Meine besten Wünsche für gutes Gelingen und meine gespannte Neugier begleiten Sie.

Habe keine Kraft, Ihnen heute mehr zu schreiben; doch ganz der Ihre.

André Gide

35. *Gide an Simenon*

2. Mai 1948

Lieber Simenon,

ich habe die Empfindung, Ihnen gegenüber recht säumig (beinahe hätte ich geschrieben: ›schuldig‹) geworden zu sein. Entschuldigungen – oder eher ›mildernde Umstände‹ – sind: andauernde Müdigkeit und zuviele Verpflichtungen ... Sie werden es ja schon erfahren haben: Ich habe auf Amerika verzichten müssen; die Reise geht im Augenblick über meine Kräfte. Einer der Hauptanreize dabei wäre das Vergnügen gewesen, Sie wiederzusehen, aber ich habe mich ziemlich rasch der Einsicht beugen müssen, daß es dort drüben kein Entrinnen vor allen möglichen Belästigungen, langweiligen Schwätzern (offiziellen und anderen), Interviewern, Banketten, Toasts etc. gibt. In seinem letzten Brief schreibt mir Justin O'Brien, der nun wieder in den U.S.A. ist: »Alles in allem haben Sie gut daran getan, nicht zu kommen.«

Außerdem bin ich ja noch bei dem alten Lambry, dem Medizinmann von E . . ., in Behandlung und befolge seine Anweisungen. Es geht mir eher besser – mein Herz bekommt wieder Vertrauen und Sicherheit . . . A propos Arzt: Ich habe endlich die Bekanntschaft von Leriche gemacht (dessen unvergeßliche ›Chirurgie de la douleur‹ ich auf Ihr Anraten hin – das habe ich ihm auch gesagt – trotz mangelnder Sachkenntnis in einem Zug von vorn bis hinten gelesen habe). Ich traf ihn gelegentlich eines Abendessens bei dem Psychiater Prof. Delay; ich schlage alle Einladungen aus, aber diese hatte ich angenommen. Der einzige weitere Gast war Alan Gregg, der Präsident der Rockefeller-Stiftung, der gerade auf der Durchreise in Paris war. Er hat übrigens das Vorwort zu der ungewöhnlichen Umfrage über das ›Sexual Behavior‹ geschrieben, die Sie sicher kennen. Großartig.

Dieser Brief ist schwieriger und später fertiggeworden, weil ich mit Ihnen über ›La Jument perdue‹ – ich habe die Fahnenabzüge gelesen – sprechen will und muß. Das Buch ist so ganz anders als Sie, als Ihre übrigen Werke und als alles, was ich erwartet hatte … Ich spüre darin eine ungewöhnliche Kraft der Erneuerung, die mich zugleich entzückt und beunruhigt. Ich bin ein biß-chen traurig, weil ich einige Ihrer ureigensten Qualitäten vermisse (– absichtlich aufgegeben? Abhanden gekommen?). Da sind auch neue, zwei-fellos; aber die sind Ihnen nicht so auf den Leib geschrieben, und da haben andere schon Hervor-ragendes geleistet. Und dann sage ich mir wieder, daß Sie eigentlich die Meinungen und Ratschläge anderer nicht brauchen: Sie werden von einem inneren Zwang getrieben und geleitet, dem Sie gehorchen *müssen*. Was nicht hindert, daß ich bei ›La Jument perdue‹ weniger den Eindruck eines geglückten Wurfs (wie schlecht das ausgedrückt ist!) habe als etwa – in einem ganz anderen Genre – bei ›Faubourg‹ (eines der letzten Ihrer Bücher, die ich wiedergelesen habe, und zwar mit Spannung und Interesse). Ich warte immer noch darauf, daß Sie in einem *Roman* mit zahlreichen Personen die Perfektion zeigen, die meisterhafte Fertigkeit, die Sie so oft unter Beweis gestellt haben, wenn es darum ging, eine einzige Person auf die Beine zu stellen.

Bin zu müde, um noch ausführlicher zu erklären. Ganz rasch, bevor ich den Stift hinlege, alle
freundschaftlichen Grüße und Wünsche.

André Gide

P.S. Auf dem Foto, das in *France Illustration* von
mir erscheint, lese ich gerade ›Monsieur la Souris‹ –
der Titel ist deutlich zu erkennen.

36. *Simenon an Gide*

Stud Barn
Tumacacori, Arizona, U.S.A.
4. Oktober 1948

Mon cher Maître,
jedesmal, wenn ich eine Zeitlang ohne Nachricht
von Ihnen bin, fühle ich mich etwas unbehaglich.
Andererseits habe ich aber weder das Recht noch
die Absicht, auch nur ein wenig von der Zeit für
mich zu beanspruchen, die Ihrem Werk und Ihrer
Gesundheit gehört. Ich möchte nur wissen, wo
Sie sind, wie Sie sich fühlen und ob die Ärzte
Ihnen zu arbeiten erlauben oder Sie zu einer
Ruhe verurteilen, die einzuhalten Ihnen bestimmt
schwerfällt . . . Nur ein paar Worte, ja? Eine ein-
fache Postkarte. Und wenn Sie die Augenblicke

zählen müssen, die Sie auf Ihre Arbeit verwenden können, dann lesen Sie diesen Brief nicht. Es steht nichts Wichtiges darin – er soll lediglich das kleine Gespräch sein, das ich mir angewöhnt habe mit Ihnen von Zeit zu Zeit zu führen.

Ich nehme an, daß Sie im Herbst reisefertig sein werden und – wie gewöhnlich – den Winter in einem wärmeren Klima als dem Frankreichs verbringen werden. Wohl sicher Afrika? Schade, daß Arizona so weit weg ist. Sie finden hier das belebendste und anregendste Klima, das Sie sich nur denken können. Dies ist, denke ich mir, die trockenste Zone der Welt (– zehn bis zwölf Regentage im Jahr). Die Sonne ist jetzt schon heiß, aber ohne daß die Luft steht, so daß es im Schatten frisch ist und man in der Nacht zwei Wolldecken braucht. Stellen Sie sich außerdem vor, daß die Ebene, wenn man das so nennen kann, 1500 Meter hoch liegt und von Viertausendern umgeben ist (die jedoch so weit weg sind, daß sie keinen Schatten machen). Bald wird dort Schnee liegen; fünfzehn Minuten mit dem Flugzeug, und Sie können Ski fahren. An keinem anderen Ort war ich physisch derart im Gleichgewicht, hat mich eine derartige Arbeitswut erfüllt. Wer weiß – vielleicht entschließen Sie sich nächstes Jahr doch, ein paar Monate hier zu verbringen?

Ich nehme mir immer wieder vor, für ein paar Wochen nach Frankreich zu gehen. Ein Hinderungsgrund ist die Arbeit – ein zweiter die internationale Lage, bei der es mir passieren könnte, daß ich dort drüben festsitze, während mein Sohn hier ist. Nun möchte ich ihn aber während der Schulzeit nicht mitnehmen, und mitten im Sommer, wenn Ferien sind, habe ich in Paris nichts verloren. An der Riviera mit all den Hollywoodstars sehe ich mich auch noch nicht recht. Außerdem bin ich so glücklich hier, so völlig in Einklang mit der Natur, mit den Menschen und Dingen, daß es mir einfach widersteht, von hier wegzugehen. Jean Renoir, der mich kürzlich besucht hat, geht es genau so. Boyer dagegen hat, glaube ich, Sehnsucht nach der »alten Welt«, obwohl (oder vielleicht *gerade weil*) seine Karriere ihn hier zurückhält.

Haben Sie die Fahnenabzüge von ›La Neige était sale‹ bekommen? Ich habe den Verlag gebeten, Ihnen einen Satz zu schicken, aber die Leute sind furchtbar schlampig. Schickt man Ihnen eigentlich meine Romane? ›La Neige‹ jedenfalls wird in Kürze erscheinen; danach ›Pedigree‹. Ich freue mich auf die Reaktion der Kritik – was vor fünf Jahren noch gar nicht so sicher war ... Schließlich liegt die Sache schon über sechs Jahre auf Eis. Ich habe gerade einen ›amerikanischen‹

Roman (d. h. einen, der in Amerika spielt) fertiggestellt – ›Le Fond de la bouteille‹. Ich komme langsam voran, mache eine Menge Umwege und kann verstehen, daß ich meine besten Freunde irremache. Aber ich folge eben nicht einem logischen Konzept, wie Sie völlig richtig sagen, sondern einem Instinkt, den ich für sicher halten möchte – andernfalls wäre es eine Katastrophe (für mich!).

Kürzlich habe ich aus Frankreich eine Kiste mit Dokumenten erhalten, in der unter anderem einige Briefe des Grafen Keyserling waren. Zu meiner Überraschung habe ich darunter eine Skizze von Ihnen gefunden, deren Existenz ich vergessen hatte; Keyserling muß sie mir wohl in Darmstadt gegeben haben. Ich kopiere sie Ihnen schlecht und recht. Die Skizze ist auf der Rückseite einer Speisekarte; es wird Ihnen vielleicht Spaß machen, an dieses Essen zurückzudenken. (Das Blatt berührt mich um so mehr, als es aus meinem Geburtsjahr stammt und Keyserling bis zu seinem Tod zu meinen guten Freunden gezählt hat. Gerade als der Krieg ausbrach, hatte er für zwei Monate zu mir nach Pougereilles kommen wollen; sein Sohn Manfred war zu diesem Zeitpunkt bei mir.)

Ich selbst habe dreißig Jahre später mit Keyserling, dem Hitler ziemlich übel mitgespielt hatte, im selben Hotel gegessen. Ich erinnere mich noch an das Familienalbum von Mme Keyserling – es war voll mit Fotos von ihrem Großvater Bismarck in vertraulichem Beisammensein mit Wilhelm II. (manchmal in Hemdsärmeln). Gestatten Sie mir, daß ich dieses Dokument behalte, oder möchten Sie es lieber geschickt haben?

Ich würde gern möglichst rasch erfahren, wo Sie sind und ob Ihre Gesundheit wieder ganz hergestellt ist. Das ist soviel wichtiger als das, was ich Ihnen sagen könnte, daß alles andere dagegen zurücktritt.

Sicherlich wissen Sie, daß Sie in den U.S.A. einen Riesenerfolg haben und daß Ihr ›Journal‹ von allen gelesen wird, auf die es ankommt, und vor allem von den Studenten? Auch in der breiten Öffentlichkeit bleibt es nicht unbeachtet, da ein nach Ihrem Buch gedrehter Film zur Einweihung des ersten wirklich großen französischen Kinos in New York ausgesucht wurde. Es vergeht keine Woche, ohne daß ich nicht auf Sie angesprochen werde, und die Amerikaner sind sehr scharf auf alles, was Sie betrifft. Ich hatte mir deshalb erlaubt, Sie für Boyer – oder besser gesagt für das von ihm in Los Angeles gegründete Französische Institut – um ein Foto von Ihnen (mit Widmung) oder ein handschriftliches Blatt zu bitten. Dürfte ich dem Institut eine Seite aus einem Ihrer Briefe (natürlich eine, in der nicht von mir die Rede ist) überlassen? Ich weiß, wie sehr Ihnen derlei zuwider ist; ich finde aber, daß man Gutwillige – und noch weniger aufrichtige und anhängliche Bewunderer – nicht enttäuschen sollte.

Ich mache mir Sorgen um Sie, mon cher Maître. Ich möchte so gern wieder ›Kontakt‹ haben – wie knapp und über welche Distanz auch immer. Ich bekomme nur sehr wenig Zeitungen aus Frankreich, und darin ist kaum von Literatur oder von Schriftstellern die Rede. Ich hoffe, daß die Ereignisse nicht ein weiteres Mal eine Schranke zwischen uns errichten, die schwieriger zu überwinden ist als der Atlantik. Ich hoffe es, wage aber nicht zu fest daran zu glauben. Deshalb möchte ich Sie eindringlich meiner tiefen und kindlichen Zuneigung versichern und Ihnen sagen, daß ich Ihnen für immer Dank schulde für die liebevolle Aufmerksamkeit, die Sie mir lange Jahre hindurch geschenkt haben. Ihnen verdanke ich einen guten Teil meines Selbstvertrauens. Möge nie Selbstgefälligkeit und Überheblichkeit daraus werden.

Ihr sehr treu ergebener

Simenon

P.S. Ich habe effektiv jeden Kontakt mit der Außenwelt, und besonders der Welt der Literatur, verloren. Ich bewohne ein sehr kleines, völlig alleinstehendes Haus am Fuß des Gebirges, wo Rinder und Pferde frei herumlaufen – sonst nichts. Das Pferd ist zu unserem normalen Fortbewegungsmittel geworden, und unser Sohn könnte mit seinen zehn Jahren in Europa schon fast eine Cowboy-Nummer geben. Von hier aus gesehen erscheinen mir Literatencafés, Redaktionen oder Vorzimmer von Verlegern (in denen ich allerdings nie häufig zu finden war) ausgesprochen extravagant. Ich frage mich, ob sich diese völlige Ungebundenheit, die zwar nicht beabsichtigt ist, die mir aber seit eh und je liegt, als heilsam erweisen wird oder nicht ... Nun, darüber wird die Zukunft entscheiden. Einstweilen ist es recht angenehm so.

Ihr S.

37. *Gide an Simenon*

Cabris ü. Grasse, Alpes Maritimes
10. Oktober 1948
Lieber Freund Simenon,
wie sehr hat mich Ihr Brief vom 4. – gestern morgen erhalten – bewegt ... Ich möchte Ihnen darum gleich antworten. Was soll ich Ihnen über

meine Gesundheit sagen? Diesen Sommer bin ich
nach einer Mittelohrentzündung wiederum ein
paar Stufen tiefer gepurzelt. Ich war in Italien,
an den Ufern des Gardasees, in einem reizenden
kleinen Fischerdorf, wohin Pierre Herbart nach-
gekommen ist, um mit mir an der Drehbuchver-
sion meiner ›Isabelle‹ zu arbeiten. Das Herz
wollte nicht mitmachen, und ich war zu fast völ-
liger Ruhe verurteilt. Keine Schmerzen, keine
Angst; ausgezeichnete Stimmung – aber jeden
Morgen eine große Unsicherheit, ob ich den Abend
erreiche. Ich bin vor kurzem in dem komfortablen
De Soto, in dem Marc Allegret gekommen war,
wieder nach Frankreich zurückgefahren; ich hatte
aber keinen Mut (und keine Lust), nach Paris
zurückzukehren – das würde Strapazen und lä-
stige Verpflichtungen bedeuten, die ich, fürchte
ich, schlecht vertrage. Jedenfalls bleibe ich hier,
bis das Drehbuch zu ›Isabelle‹ fertig ist . . . Fast
alles muß neu erfunden werden, was mir viel
Spaß macht.

Na, und ob ich Sie gern in Arizona besuchen
würde! Aber was sollen Sie mit einem Invaliden
anfangen? Außerdem müßte es mir, wollte ich
solch eine Reise riskieren, viel besser gehen – und
Sie wissen ja, wie alt ich bin.

Nein, ich habe die Fahnen von ›La Neige était
sale‹ nicht erhalten – vielleicht liegen sie in

Paris bei den Büchern und Drucksachen, die mir auf eigenen Wunsch nicht nachgesandt werden. Ich gebe gleich meinem Schwiegersohn Jean Lambert Bescheid, damit er bei seinem nächsten Paris-Aufenthalt veranlaßt, daß alle Publikationen von potentiellem Interesse auf mich herunterregnen – angefangen mit den Ihren. Es ist nämlich schon ziemlich lange her, daß ich etwas *Neues* von Ihnen gelesen habe. Ein Drehbuch, das ich zu begutachten hatte, hat mich jedoch dazu gebracht, ›Bébé Donge‹ wiederzulesen; das Buch hat – obwohl ich es gut kannte – eine so starke Faszination auf mich ausgeübt, daß ich mich erneut auf alles geworfen habe, was ich mir dort unten (in Verona) von Ihnen beschaffen konnte... Nein, nein: ich habe mich nicht getäuscht, und meine wachsende Zuneigung zu Ihnen verführt mich nicht dazu, Ihre *Bedeutung* zu überschätzen. Wie sehr ich mich danach sehne, Ihre letzten Sachen zu lesen! Ich denke mit innerer Anteilnahme an Sie; ich stelle Sie mir mit Ihrem großen Cowboy (schon zehn Jahre!) vor, und ich empfinde es als tröstlich, zu wissen, daß es Ihnen gut geht. Aber ein Foto von Ihnen mit Ihrem Jungen, das würde mich sehr freuen...

Ich habe Boyer – an die von Ihnen angegebene Adresse – ein schönes handgeschriebenes Blatt geschickt (– allerdings bereits ehe ich Paris verlas-

sen habe; ich wundere mich, daß er es nicht erhalten hat?!), worin ich meine wärmste Sympathie
bekunde. Wenn es sein muß, schicke ich ein zwei-
tes hinterher!

Ja, mein Freund – uns steht vielleicht schon bald
sehr Ernstes bevor; manche Sätze in Ihrem Brief
sind in einem Ton gehalten, der mir ans Herz
greift – auch deswegen antworte ich Ihnen so
rasch, da ich ein großes Bedürfnis habe, Ihnen vor
dem Sturm ganz fest die Hand zu schütteln und
Sie fühlen zu lassen, wie sehr ich Ihr Freund bin.

André Gide

38. *Gide an Simenon*

Paris, 29. Dezember 1948

Lieber Simenon,
heute nur ein einfaches Lebenszeichen, damit Sie
wissen, daß ich in Gedanken und mit guten Wünschen bei Ihnen bin. Es geht Ihnen anstelle des
langen Briefes zu, den ich Ihnen unbedingt schreiben wollte und von einem Tag auf den anderen
verschoben habe, da die Freundschaft sich nicht
über die Müdigkeit zu erheben vermochte ...
Seit einigen Tagen geht es mir wesentlich besser;

trotzdem bin ich zu wirklichem Arbeiten noch
außerstande.

Es liegt mir daran, Ihnen (unter anderem) zu
sagen, daß ich ›ganz weg‹ bin (scheußlicher Ausdruck – aber egal) von ›La Neige était sale‹, mit
der überraschenden Charakterwandlung dieses
schrecklichen Frank, der ein bemerkenswerter
»Held« hätte sein können.

Aber *wann* haben Sie das geschrieben? Alle
Ihre letzten ›Kinder‹ aus Amerika trugen doch,
in cauda, Ort und Datum ihrer Veröffentlichung;
bei diesem aber – *nichts.* Ist es älter oder jünger
als die anderen?

Wie Claude Gallimard mir sagt, geben Sie
der N.R.F. ein neues Buch.[22] Erst vor ganz kurzem habe ich sechs Ihrer Bücher von neuem ›in
mich reingestopft‹ (wie meine alte Haushälterin
sagt) – mit anderen Worten also *wiedergelesen…*
Eine harte Probe; sie haben sie jedoch großartig
bestanden. Ich war froh, mich einmal mehr davon zu überzeugen. Ihr ›Pedigree‹ andererseits
ist mir noch genau so langweilig vorgekommen…
Aber Sie haben sicherlich trotzdem gut daran
getan, das Buch zu schreiben.

Lieber ferner Freund: Ich bin mit Ihnen froh
über Ihren Zentaurensprößling, Ihre Gefährtin

22 ›Le Bilan Malétras‹

und alles, was Ihr Glück ausmacht. Und ich bin,
mit den herzlichsten Grüßen,

Ihr getreuer
André Gide

39. Gide an Simenon

La Colombe d'Or
Saint-Paul-de-Vence (A.-M.)
22. Juni 1949

Lieber Freund Simenon,

Ihr guter Brief kommt gerade recht zu meiner
Genesung. Wie es aussieht (aber das sagt man mir
erst jetzt), bin ich mit knapper Not einem Leber-
abszeß und einer Operation entgangen. Nach
einem Monat Krankenhaus (in Nizza) fühle ich
mich geradezu verjüngt, nach der Zwangspause
wieder voller Arbeitslust und Appetit, ja, Heiß-
hunger darauf, die Vorbereitungen für die Verfilmung meiner ›Verliese des Vatikan‹ in Angriff
zu nehmen, um die ich mich selber kümmern
will – zusammen mit Pierre Herbart, der mich
begleitet, Jacques Prévert, der schon hier ist, und
Yves Allégret, dem Regisseur, der hier zu uns
stößt.

Ja, sicher – ich würde sehr gern eine Zeitlang in Ihrer Nähe sein und Sie garantiert erheblich bei der Arbeit stören, denn ich möchte Ihnen vieles sagen und vieles von Ihnen hören. Aber meine Zeit ist bemessen; ich scheue jede Anstrengung und habe konsequent die ehrenvollsten Einladungen aus Amerika ausgeschlagen. – Entzückt, zu hören, daß Sie mitten in einem Manuskript stecken und im Sinn von ›La Neige était sale‹ arbeiten – ein Buch, das mich nicht nur bereits zufriedenstellt, sondern mir darüber hinaus noch Hoffnung auf einen ungewöhnlichen Neubeginn macht; ein Buch, mit dem Sie glücklich heraus sind aus dem Schlamm, in dem Sie zu versinken drohten. Sie wissen ja, daß ich Ihre vier früheren in Amerika geschriebenen Bände[23] ziemlich negativ beurteile. Bei ›La Neige était sale‹ fühle ich, wie Sie wieder *Sie selbst werden und sich übertreffen.*

Ihnen, Ihrer Gefährtin, Ihrem Sohn und dem Kind, auf das Sie warten, gelten meine Gedanken.

Herzlichst
André Gide

23 ›Pedigree‹ und ›Le Bilan Malétras‹ sind 1948 veröffentlicht worden, wurden jedoch 1942/43 in der Vendé geschrieben, die vier anderen, vor ›La Neige état sale‹ in den USA geschriebenen Bücher (ausgenommen vier Maigrets) sind: ›Lettre à mon juge‹, ›Le Destin des Malou‹, ›Le Passager clandestin‹ und ›La Jument perdue‹.

7. Dezember 1949

Lieber Simenon,

die letzten Tage war ich vollauf damit beschäftigt, meine Koffer zu packen. Ich spüre weder
Angst noch Schmerzen – nur eine tödliche Müdigkeit: stimmungsmäßig, geistig und physisch ...
Unfähig zur kleinsten Anstrengung, und sei es
auch nur, meine Notizen über Sie wieder zur
Hand zu nehmen, zu ordnen und sinnvoll zu
ergänzen. So, wie sie jetzt da liegen, sind sie
nicht präsentabel (– höchstens posthum). Und ich
wünsche mir brennend, ein Buch von Ihnen zu
lesen – ein neues, das mir einen Anreiz gibt,
meine Notizen zu ergänzen. Die letzten Bücher
(ausgenommen ›La Neige était sale‹) haben mich
eher ernüchtert – Sie wissen es.

Alles das, was Sie mir über Marc schreiben,
macht mir große Freude. Könnten Sie mir vielleicht ein Foto von ihm schicken? Ich habe Ihnen
gerade erst ein Foto von mir zugesandt, auf dem
ich ›Père la Souris‹ lese (um die Neugierigen –
was mag er wohl lesen? – zufriedenzustellen,
habe ich das Buch so gehalten, daß der Titel gut
lesbar ist).

Meine Sekretärin hat meine Anweisungen jedoch nicht abgewartet und das Foto – als Ein-

schreiben – an Ihre alte Adresse nach Tumacacori geschickt. Ob es Ihnen von dort zugeschickt werden kann?

Ich warte mit großer Ungeduld auf ›Les Quatre Jours du pauvre homme‹, die Sie mir angekündigt haben.

Alles Liebe für Marc und Jean, meine Verehrung Ihrer Mutter – und für Sie die freundschaftlichsten Grüße

in treuer Verbundenheit
André Gide

41. *Gide an Simenon*

Paris, 29. November 1950

Lieber Freund,

Sie hätten eine Menge Post von mir bekommen, wenn ich nicht so großen Wert darauf legte, Ihnen nur ganz brillante Briefe zu schicken. Aber es kam noch etwas dazu, was mich vom Schreiben abhielt: Sie hatten mir Ihre Abreise angekündigt, und ich hatte die Vorstellung, daß Sie unterwegs und schwer zu erreichen seien. Außerdem aber – und das vor allem: es wollte überhaupt nicht mehr (– ich spreche von meiner Gesundheit). Es ging steil bergab; insbesondere das Herz hat abgebaut, und alles wurde mir zur Last wegen dieser ewigen Müdigkeit ... Übrigens bei ausgezeichneter Gemütsverfassung: ich hatte den Eindruck, alles gegeben zu haben, daß nichts mehr blieb, als mit Anstand abzutreten.

Ich war in Juan-les-Pins. Da ist plötzlich Touchard, der Verwaltungsdirektor des ›Théâtre Français‹, in Begleitung des charmanten Jean Meyer aufgetaucht. Sie waren begeistert von dem Rohentwurf, dem Embryo eines Dramas, das ich für die »Schöngeister« von Lausanne aus meinen ›Verliesen des Vatikan‹ herausgefiltert hatte. Das müsse der Öffentlichkeit zugänglich gemacht werden, redeten sie auf mich ein, und zwar sobald wie möglich – nach einigen Abänderungen. Mit dem Quentchen Neugier, das ich noch in mir fühlte, habe ich dem entnommen, daß ich noch nicht völlig abgeschrieben war. Da war noch ein allerletztes Wagnis, auf das ich mich einlassen würde ... Jean Meyer ist nach Taormina gekommen, wo wir drei Tage lang den Text durchgegangen sind. Und ich glaube, daß das Resultat ganz ausgezeichnet ist. Wenn man es so sehen will, anstößig – so daß wir uns auf ein paar entsprechende Reaktionen des Publikums gefaßt machen ... Es liefe alles gut, wenn ich mich nicht so müde fühlte.

Und dabei werden auch Sie mit der Bühne Bekanntschaft machen, lieber Simenon... Am 7. Dezember (ich am 13. – zwei sehr gute Zahlen). Ich hatte Ihnen geschrieben, wie sehr ich ›La Neige était sale‹ mochte. Es ist eines der besten Bücher – ach was! Das beste! –, das Sie seit langem geschrieben haben. Ein Buch, das mich in meinem Glauben an Sie *bestärkt* hat – mich bestärkt hätte, wenn das nötig gewesen wäre. Ich warte nun ungeduldig auf ›Les Volets verts‹.

Wenn ich meiner Phantasie freien Lauf lasse, sehe ich Sie auf Ihrer neuen Farm vor mir, zusammen mit Marc, wie Sie sich gemeinsam ans Werk machen und finden, daß das Leben lebenswert ist, daß es angepackt werden will. – Ich bin begeistert von den Fotos, die uns das Buch von Narcejac[24] von Ihnen beschert (besonders das auf dem Einband), und im großen und ganzen auch von dem Buch selbst. Wieviele Menschen kennen Sie noch gar nicht! Es kommt vor, daß Leute zu mir kommen und mich fragen: aber was soll ich denn eigentlich von ihm lesen? Und ich sage: Alles. – Was Narcejac bei all seinem gut fundierten Lob vielleicht nicht genügend zum Ausdruck bringt, das ist jene Art von Rauschzustand, dem der Leser ganz von selbst anheimfällt, sobald er

---

24 Narcejac, Thomas: ›Le Cas »Simenon«‹.

ein Buch von Ihnen aufschlägt. Ich empfinde das sogar von neuem, wenn ich einen Ihrer Romane wiederlese; obwohl jegliches Überraschungsmoment wegfällt, ist meine Begeisterung ebenso stark – ja, stärker noch als bei der ersten Lektüre. Gibt es eine bessere Gewähr für *Dauerhaftigkeit?* Lieber Simenon, ich mag Sie sehr, und ich umarme Sie.

André Gide

Anhang

Gide über Simenon

»Da ist eine Frage, die nur Simenon allein beant-
worten kann: Bei all der lebhaften Bewunderung,
Zuneigung und Wertschätzung, die ich für ihn
empfinde – ich kenne ihn noch zu wenig, um sagen
zu können, ob ihm die Wahrheit lieber ist als das
schmeichelhafte Kompliment, um beschwören zu
können, daß scharfe Kritik ihn nicht verstimmt.
Dabei wäre sie doch nur ein Zeichen meiner
Hochachtung und bleibt eben darum ganz weni-
gen vorbehalten. Ich weiß nicht, ob er es mir nicht
doch verübelt, wenn ich ihm sage, daß ich in den
maschinengeschriebenen Seiten, die er mir da zur
Beurteilung vorlegt, die Qualitäten nicht wieder-
finde, die ich an seinen Büchern für gewöhnlich
so sehr geschätzt habe, und ob er schließlich nicht
einfach jenen mehr Glauben schenken wird, die
ihm erzählen, er habe noch nie etwas so Bemerkenswertes geschaffen . . . Nein, ich kann ihn nicht
anlügen – dafür schätze und achte ich ihn zu
sehr. Und da auch mir viel an seiner Zuneigung
liegt, würde ich eher schweigen als ihn da loben,

wo das Lob eine Lüge wäre. Ich habe das Manuskript* also mit größter Aufmerksamkeit gelesen, doch zugleich auch mit Befremden – einem Befremden, über das alle vorhandene Sympathie nicht Herr zu werden vermochte. Wie ist es zu erklären, fragte ich mich beim Weiterlesen, daß *der* geborene Romancier unserer Tage, der Fähigste, wenn es darum geht, uns das Leben anderer wirklich packend vor Augen zu führen, uns innerlich teilhaben zu lassen, uns zu interessieren in des Wortes ureigenster Bedeutung, Menschen zu schaffen, lebendige Menschen aus Fleisch und Blut, die einfach *da* sind – wie ist es zu erklären, daß dieser Simenon uns hier nur blasse Schemen vorsetzt, ausgerechnet hier, wo es sich um Menschen handelt, die wirklich gelebt haben? Es liegt daran, habe ich mir gesagt, daß er es nicht für nötig gehalten, sich nicht die Mühe gemacht hat, diese Menschen wieder zu schaffen (und zwar gerade, weil er weiß, daß sie existiert haben, daß sie einmal lebendig gewesen sind); ich sagte mir, daß er vielleicht geglaubt hat, schon die Erinnerung sei ausreichend. Sie war es – aber nur für ihn selbst; das Bild, das sie ihm von diesen Menschen vermittelte, hat ihn zu dem Trugschluß verleitet, diesmal sei es nicht nötig, sich erst in jene

* Wahrscheinlich *Pedigree*

schöpferische ›Trance‹ zu versetzen, in der er den Leser so gut mitzureißen versteht, diesmal bedürfe es nicht jener Beschränkung auf das Wesentliche, mit der er sonst mit sicherem Griff das Signifikante, das Substantielle zu fassen bekommt. Stattdessen breitet er leider einen Flickenteppich aus Erinnerungen – oft nicht einmal seinen eigenen – vor uns aus. Die wunderbare *Wiedererweckung* findet nicht statt. Was bleibt, ist eine Art ... Zärtlichkeit; eine unerwartete, charmante Zärtlichkeit, für die ich weiß Gott nicht unempfindlich bin, die mich aber weit stärker berühren würde, wenn es nicht die Zärtlichkeit des Autors wäre, die ich da nachempfinde; wenn es dem Autor vielmehr gelänge, sie mich aus seinem Text heraus unmittelbar spüren zu lassen. Wenn er ihn noch einmal liest, wird er das wahrscheinlich selber merken und beim Weiterschreiben – *wenn* er weiterschreibt – schließlich von allein darauf kommen und Abhilfe suchen. Andererseits ist nicht auszuschließen, daß die Emotionen mit ihm durchgehen, die beim Aufarbeiten dieser Erinnerungen in ihm geweckt werden – deshalb will ich ihn warnen, als Freund. Und ... Ach nein; ich glaube doch nicht, daß er mir das übelnimmt.«

30. Mai 1941

Simenon über Gide

»Mit Gide war es schon eine merkwürdige Sache.
1936 erklärte mir mein Verleger, daß er eine
Cocktailparty geben wolle, damit wir uns kennenlernen könnten, denn Gide hatte ihm gesagt,
daß er alle meine Romane gelesen habe und mich
treffen wolle. Ich ging also zu diesem Cocktail
und Gide fragte mich mehr als zwei Stunden aus.
Später sah ich ihn noch mehrmals, er schrieb mir
nahezu jeden Monat, manchmal sogar noch öfter,
bis zu seinem Tode – und immer waren seine
Briefe voller Fragen. Wenn ich ihn besuchte, fand
ich meine Bücher mit so vielen Randbemerkun-
gen versehen, daß sie schon mehr von Gide waren
als von Simenon. Ich habe ihn nie danach gefragt;
dazu war ich zu schüchtern. Und jetzt werde ich
es nie erfahren.

Er fragte alles mögliche. Aber ganz besonders
interessierte ihn der Mechanismus meiner – entschuldigen Sie das hochtrabende Wort? – Kreati-
vität. Und ich glaube, ich weiß, warum ihn das
interessierte. Gide hat davon geträumt, ein Schöp-

fer zu sein und nicht der Moralist und Philosoph, der er war. Ich war genau sein Gegenteil, und daran dürfte es gelegen haben.«

Simenon über Simenon

»Gestern abend habe ich in einem Buch zu meinem siebzigsten Geburtstag einen Brief wiedergelesen, den ich 1938 an André Gide geschrieben habe.

Damals war ich also fünfunddreißig Jahre alt. Genau halb so alt wie heute.

In diesem Brief, den ich auf Teufel-komm-raus und ohne Rücksicht auf Stil oder schöne Sprache geschrieben habe, versuchte ich auf Fragen zu antworten, die Gide mir mehrmals, teils schriftlich, teils mündlich bei unseren Begegnungen gestellt hatte.

Es handelte sich sowohl um die Vergangenheit als auch um die Zukunft, um die Art und Weise, wie ich das Leben betrachtete, genauer: mein literarisches Werk, also die Zukunft.

Ich habe darauf nach bestem Wissen und Gewissen geantwortet, in aller Eile; ich habe den Brief abgeschickt, ohne ihn nochmals zu lesen, und gestern habe ich ihn zum erstenmal wiedergelesen.

Nun, der Brief hat mir gezeigt, daß ich schon

als junger Mann eine sehr genaue Vorstellung von meinem Leben und meiner Laufbahn gehabt habe. Das Wort ›Wille‹ taucht in dem Text mehrmals auf, und es braucht ja wirklich einigen Willen, um jahrelang Groschenromane, unter Pseudonymen, dann halb-literarische Romane (die Maigrets) und schließlich das, was ich mangels anderer Begriffe meine ›harten Romane‹ nenne, zu schreiben.

Gide sprach von dem Tag, an dem ich endlich meinen »großen Roman« schreiben würde. Ein paar Wochen oder Monate zuvor hatte mir Brasillach dieselbe Frage gestellt. Ich habe Brasillach geantwortet: Es wird keinen großen Roman geben. Genauer: der große Roman, das ist ein Mosaik aus all meinen kleinen Romanen.

Ich habe nicht gewagt, Gide dieselbe Antwort zu geben. Er ermutigte mich so sehr, daß ich ihn meine Hoffnung wissen ließ, den großen Roman auch wirklich eines Tages zu schreiben.

Damals sah ich den Tag noch nicht so bald kommen (denn fünfunddreißig Jahre, das geht schnell), an dem ich überhaupt nicht mehr schreiben würde, *ohne das zu bedauern.* Es gibt Athleten, die hervorragende 100- oder 200- oder 400- oder 1000- oder selbst 30 000-Meter-Läufer sind. Im allgemeinen ist weder der eine noch der andere fähig, in die andere Klasse überzuwechseln.

Es gibt auch Athleten, die mit 25 aufhören zu

schwimmen oder zu laufen, während andere wiederum mit 40 erst anfangen mitzumachen.

Ich habe nicht zu einem 3000-Meter-Läufer werden sollen. Ich habe auch nicht über mein siebzigstes Lebensjahr hinaus schreiben sollen.

Das ist ganz normal. Hauptsache, man akzeptiert es.«

26. September 1973

Lebensdaten

1903   13. Februar, geboren in Lüttich als Sohn
        des 25jährigen Désiré Simenon, Buchhalter
        bei einer Versicherung, und der 22jährigen
        Henriette Brüll.

1909   Eintritt in das Institut Saint-André; 1914
        ins Collège Saint-Louis. Simenon will
        schreiben und Priester werden. 1915 Wech-
        sel ins Collège Saint-Servais. Die Lehrer
        stellen Simenon die Themen der literari-
        schen Arbeiten frei.

1918   Wegen einer Angina pectoris des Vaters
        verläßt Simenon die Schule. Er arbeitet
        zuerst als Konditorlehrling, dann in einer
        Buchhandlung, wo er nach sechs Wochen
        entlassen wird; er hat dem Lehrherrn Wi-
        derworte gegeben.

1919   Reporter bei der *Gazette de Liège;* Ver-
        öffentlichung erster Erzählungen.

1920   *Au Pont des Arches,* der erste Roman (erscheint 1921): »ein kleiner humoristischer Roman über die Lütticher Sitten«.

1921   Einberufung zum Militär. Tod des Vaters.

1922   Ankunft in Paris. Simenon wird Sekretär des Schriftstellers und Journalisten Binet-Valmer.

1923   Heirat mit Régine Renchon, einer Malerin. Erste Erzählungen für *Le Matin* und diverse ›galante‹ Pariser Zeitschriften. Zwischen 1923 und 1933 werden es mehr als tausend. Simenon wird Sekretär und Reisebegleiter des Marquis de Tracy.

1924   Trennung von de Tracy. Simenon beginnt serienweise – zwischen 1925 und 1934 mehr als 180 – Groschenromane zu schreiben. Der eine, *Le Roman d'une dactylo*, ist das Werk eines Vormittags, auf einer Café-Terrasse.

1927   Alleinherausgeber und Redakteur der Zeitschrift *Le Merle blanc*. Der Eigentümer, Eugène Merle, schlägt Simenon vor, für 5000 F in einem Glaskasten auf der Terrasse des Moulin Rouge einen Roman in aller Öffentlichkeit zu schreiben. Die Zuschauer sollen ihm die Namen der Personen und den Titel sagen. Das Experiment kommt nicht zustande, weil Merle Konkurs macht.

1928   Simenon kauft sein erstes Boot, »Ginette«, und durchfährt während des Sommers Frankreichs Flüsse und Kanäle. Der Reisebericht erscheint in einer Sondernummer von *Vu*.

1929   Das zweite Boot, die »Ostrogoth«, wird gebaut. Reisen nach Holland, Norwegen, Lappland. Im September schreibt Simenon den ersten ›Maigret‹ *(Pietr le Letton)* unter eigenem Namen. Reise auf der »Ostrogoth« nach Wilhelmshaven. Gegen Ende des Jahres Absprache mit Fayard über eine Serie von Maigret-Romanen.

1930   Simenon reist und schreibt auf der »Ostro-
– 32   goth«; Entstehung von rund 28 Romanen, meist Maigrets. 1931 erwirbt Jean Renoir die Filmrechte an *La Nuit du Carrefour*. Verkauf der Ostrogoth. 1932 Reise nach Afrika; Reportage »Peuples qui ont faim«.

1933   Im Sommer Europareise; die Reportage »Europe 33« erscheint in *Voilà*. Im Juni Begegnung mit Leo Trotzki in Prinkipo. Die Aufzeichnung des Gesprächs erscheint im *Paris-Soir*, 15.–16. Juni 1933. Fünf Romane enstehen. Im Oktober Vertrag mit Gallimard.

1934 Vier Romane. Eine Reportage über die Affäre Stavisky erscheint im *Paris-Soir*. Mittelmeerreise. Der Bericht erscheint in *Marianne* unter dem Titel »Mare Nostrum«. Im Herbst bezieht Simenon das Château de la Cour-Dieu nahe bei Orléans.

1935 Weltreise: New York, Panama, Kolumbien, Galapagos-Inseln etc. Während eines zweimonatigen Aufenthalts auf Tahiti schreibt Simenon den Roman *Ceux de la Soif*.

1935 Bei ständigem Ortswechsel entstehen in
– 38 diesen Jahren mehr als zwanzig Romane. Am 31. Dezember 1938 erhält Simenon den ersten Brief von André Gide.

1939 Zehn Romane. 1939 wird der Sohn Marc
– 40 geboren. 1940, nach Kriegsausbruch, organisiert Simenon eine Flüchtlingshilfe. Zum Jahresende diagnostiziert ein Röntgenologe fälschlich eine Angina pectoris und gibt Simenon noch höchstens drei Jahre zu leben.

1941 Mehr als zehn Romane entstehen, darunter
– 44   die autobiographischen *Je me souviens* und
       Pedigree.

1945 Vier Romane. Aufbruch in die USA. In
       New York lernt Simenon Denise Quimet
       kennen, seine zweite Frau.

1946 Sechs Romane. Reisen kreuz und quer
       durch Amerika und Kanada. Die Repor-
       tage »L'Amérique en voiture« erscheint im
       November im *France-Soir.*

1947 Sechzehn Romane. Am 29. September
– 49   1949 Geburt des Sohnes Johnny.

1950 Sechzehn Romane. 1950 Scheidung und
– 52   Wiederverheiratung in Reno. 1952 wird
       Simenon in die belgische Académie Royale
       aufgenommen.

1953 Sechzehn Romane. Geburt der Tochter
– 55   Marie-Georges. Umzug nach Frankreich.
       Simenon läßt sich für zwei Jahre nahe bei
       Cannes nieder.

1956 Neun Romane. Umzug nach Echandens
– 57   bei Lausanne.

1958 Elf Romane. Vortrag in Brüssel anläßlich
– 60   der Weltausstellung. 1959 Geburt des
       Sohnes Pierre. 1960 wird Simenon Präsi-

dent des Festivals zu Cannes. Zusammen mit Henry Miller setzt er die Auszeichnung von Federico Fellinis *La dolce Vita* durch.

1961 – 64   Vierzehn Romane. 1964 Umzug in das selbst entworfene Haus in Epalinges, sieben Kilometer von Lausanne.

1965 – 66   Sieben Romane. Am 3. September 1966 wird in Delfzijl eine Maigret-Statue von Pieter d'Hought enthüllt; hier war der erste Maigret *Pietr le Letton* entstanden.

1967 – 70   Vierzehn Romane. Die *Œuvres Complètes* erscheinen bei den Editions Rencontre, Lausanne; sechsundsechzig Bände bis 1970.

1971 – 72   Mehr als fünf Romane. Am 19. September 1972 entschließt sich Simenon, sein Haus in Epalinges – sein 29. insgesamt! – zu verkaufen, in ein Appartement zu ziehen und nicht mehr zu schreiben. Er beginnt tagebuchartige Notizen ins Diktaphon zu sprechen, die seither unter den Titeln *Lettre à ma mère* (1974), *Un Homme comme un autre* (1975), *Des Traces de pas* (1975) und *Les Petits hommes* (1976) erschienen sind.

Bibliographie

1. Pseudonym erschienene Werke

Zwischen 1921 und 1934 (auch noch später, um vertragliche Pflichten zu erfüllen) hat Georges Simenon Geschichten, Erzählungen, Groschenromane und Reportagen unter zahlreichen Pseudonymen veröffentlicht: Germain d'Antibes, Aramis, Bobette, Christian Brulls, Georges Caraman, Jacques Dersonne, Jean Dorsage, Lug Dorsan, Jean Dossage, Jean du Perry, Jean Perry, Georges-Martin Georges, Gom Gut, Geor-

ges d'Isly, Kim, Miquette, Maurice Pertuis, Plick et
Plock, Poum et Zette, Jean Sandor, Georges Sim,
Gaston Vialis, G. Violis.

a) Geschichten und Erzählungen

1919

In *La Gazette de Liège:*
Une idée de génie – Les conséquences d'un coup de
ciseau – La première gifle – Le langage des cravates.

1920

Ebenda: Neun Erzählungen.

1922

In *La Revue Sincère* (Brüssel):
Le compotier tiède (15. Dezember)

1923

Ebenda:
Engourdissement (15. Juni)
In *Le Matin:*
La Petite Idole – Un coup de feu.
In *San-Gêne:*
Théodore et la Danseuse – Trouillet et la Nourrice –
La femme au divan – Les expériences du Docteur
Pinoche – La méprise du jeune Bidoche.
In *Frou-Frou:*
Le corset de Madame Godruchon – Deux hommes en

pyjama – L'admiratrice inconnue – Un professionnel – L'amant ingénu – La sauterelle – La lugubre aventure – La nuit d'amour d'Antonin – Le portrait d'Anna – La tentation du Docteur Antoine – L'ascenseur d'Amour – L'aventure du troufion amoureux – Le timbre d'un sou – La jolie bouffarde d'amour – La fenêtre ingénue – Un virtuose – Fillocheau et le Godruchon – Le mari, la cantharide et l'électricien.

1924

In *Le Matin:*
Un homme sur la voie – L'étape – Le grisou – Le saxophone – Mélie – Dédé – L'ivrogne – Convalescence – Tuer – Les Lacroix – Le Timbre – Les Roues – Jeannot – L'avaleur d'aiguilles – Un couple passa – Le chant du soir – L'accident – Méprise.

In *Sans-Gêne:*
Tom Gut aux folies amoureuses – Un tempérament qui se révèle – La rencontre de Monsieur Mouche – La tirelire – Le gibier rare – L'impossible réplique – La tournée en Amérique – Les honoraires de Delphine – Les satyres des Galeries Mistouflettes – Un estomac délicat – La vengeance de Madame Pousset – Entresol à louer – On demande une dactylo – Le dentiste – Le feu de cheminée – Un fichu pari – Un maître-chanteur – Le cerf – Le pantalon de la concierge.

In *L'Humour:*
Un ami qui a du tact – Le Silène – Une sentimentale – Déductions – Boîtes à sardines – Le bon bougre – Histoire américaine – Approximations – Troublantes réminiscences – Une bonne fortune – La nuit blanche de Bidouillard – Un sportif – Un ménage olympique – Impudence – L'enterrement – La pénitente – La petite

femme nue – En détail – Et de trois – Le souffleur
ésotérique – Un Monsieur cocu – Réclame payée – La
cornemuse – La balle – Dilemme – Corrida – Soulage-
ment – Le Phonographe d'amour – La Pommade – Une
grue – Indignation – Histoire de Poils – L'amour
oublié.

In *Paris-Flirt:*
Pêche à la ligne – Frusques et Frasques – Un cœur sensible – Olympiades – En vitesse – Une erreur – Menus
emprunts – La cure – Encore un bout de pellicule – Le
gigolo – Photos galantes – L'air de la mer – Une femme
potelée – L'agrafe – Une femme dévouée – Dinard – La
garçonnière – Croquis de vacances – Bouffe les eaux –
Deauville – Une vengeance – La dent – Un voyeur –
Une voyageuse – Dans la forêt – Robinson – La
chambre N° 8 – Un homéopathe – Triples croches et
soupirs – Le billet de faveur – Frénésie – Une histoire
banale – Le contrôleur – Un grand machin – Fichue
sensation – Un maniaque – Flagrant délit – Le placard
N° 9 – Le petit chien – L'occasion – Pantalons ouverts
– La chaîne.

In *Gens qui rient:*
L'assurance – Le bibelot érotique – L'illusion perdue –
Le petit chapeau – *Les bibelots d'amour* (Japonaiseries
– Les coussins du divan – La chemise pantalon – Ma
jarretière-montre – La liseuse) – Comment elles aiment
(12 Geschichten)

In *Paris-Soir:*
Un monsieur antipathique – La barque de pêche – Le
vieux monsieur – Trouillard le perspicace.

In *Le Merle Blanc:*
Une mission délicate – Le beau régiment tondu.

In *L'Almanach de l'Humour:*
Le Phonographe d'amour – La Pommade
In *Miousic:*
Les histoires de la déshabilleuse.

In *Frou-Frou:*
Les bretelles élastiques – L'aventure de Truc – Deux couples enlacés – Biquet et la dame veuve – Un homme d'affaires – La chemise illusion – Adolphe Motte gentil-homme cambrioleur – Nids de passereaux nids d'amour – Murmures et soupirs – Un véritable amour – La dompteuse passionnée – Une heure sur une barrique – La culotte de jersey – Petit bout d'ambre – Un tour de cochon – Candeur – Papouillard et le 14 juillet – La nymphe arrangeante – No bananas – Le Kama Soutra – Le piano d'amour – Savoir vivre – Les vaches à son-nettes – Histoire d'une chemise – Les conseils du vieux suiveur – Une ingénue – La pétaude – 23 *bis* rue Riche-panse – L'averse – Une garçonne – Une bonne maison – Le taureau – Des amants qui abusent – J'veux rester nue – Sous le nez du mari – Délit en mer – Les transes de Monsieur Pouille – Un sauvetage en mer – A l'abri dans l'hôtel – Un coin de rue – Un sensible – Confiden-ces d'une Olympiquée – La chicane galante – Fables express – Leurs rêves d'été – L'oreille à la porte – L'Ile des Cœurs – Un lâcheur – Le viol – Cyrille – La maison des turpitudes – Le Glady's bar – Un malchanceux – Je vous avoue – L'amoureuse infortune – Méthodes amé-ricaines – Autos d'amour – Une bonne place – Natures mortes – Fraîcheur – Les clientes du petit bar – Rubans – Hésitations – La puce à tout prix – Oculi – Denise et ses sœurs – L'Ile des singes – Les trois rois – Les sou-haits de Monsieur Tahin.

In *Le Sourire:*
L'hôte inattendu – Une âme champêtre – Poisson d'avril – Double décime – L'athlète au vasistas – Miquette au Grand Prix – Un banquier merveilleux – Le trou de la serrure.

1925

In *Le Matin:*
Les larmes – La lettre – Retour – La porte N° 9 – M'ame Casaquin – La Preuve – Monsieur Frogeot, caissier – Joë – Le Père Manillon – Le Silence – La Peur du sang – Faits divers – La valise – L'ombre sur le rideau – La barque – L'agresseur – L'annonce – La cavée – Le rôdeur – La nuit atroce – Le Pêcheur obstiné – Le récital.

In *Sans-Gêne:*
Le beau jeune homme blond – Un homme fichu – Un frère – Saturnin satyre – L'enfant du tamponnement – Un fameux lapin – L'hélicon – L'outil – Tronçon a perdu une femme nue – L'avancement d'Eugène Lamouille – Le sergent noir – Hilarion s'émancipe – La fidélité d'Annette – Le cocu scientifique – L'article 10 – La 40 HP conduite intérieure – Le bonnet de bain gris perle – Un monsieur influençable – Histoire en quatre lettres – Les débuts d'Irma – Monsieur Gustave – Au château de Chaudésir – Un sacré bureau d'affaires.

In *L'Humour:*
Bonne volonté – Une femme éhontée – Choses qui volent – Une sale blague – Le chantage du jeune Papotin – Le suçon d'Irma – Histoire d'un sac – Le vertigineux voyage – Les cheveux – Pour vous mesdames – Un violeur – Le drame de la mer – Une occasion exceptionnelle – Lohengrin – Empreintes digitales –

138

L'ingénue aux Olympiades – La rafle – Le livre de médecine – Le pliant – Massage électrique – Pinaléion amoureux – Une brave petite – Grand nettoyage.

In *Paris-Flirt:*
De jolies nièces – Une petite main qui se cramponne – L'amant pratique – L'amour en wagon-lit – Pour vingt sous – Le raide roide – Le blé qui lève – Un chiqué historique – Le règlement – Le réveil – Moulin d'amour – L'avant-dernier – Vengeance ratée – Pelotages – Honnête homme – Une vilaine affaire – Comme Salomon – L'ordonnance – Mots d'amour – La vie parisienne – Crotte – Une bonne journée – Vous me rappelez quelque chose – Le pyjama – Histoire morale – Ernestine – Quelques opinions mesdames – La paix conjugale – Fable express – Jaloux – Permis de conduire – Un ménage – Le cambrioleur – Dialogues entendus place Pigalle – Modernes – Odette et son papa – Coup double – Naïvetés de vacances – Le bon trou – Délaissée – Sale métier – En famille – Mauvaise blague – Bien renseigné – Un passionné – Superfluités – Charmante enfant – Il faut semer – Retour de vacances – L'amant résigné – Le paquet – Fameux argument – Le ménage Babolin – Pudeurs – Croquis galant – Sous le plaid – Un maniaque – La dame du Bois de Boulogne – Une bonne blague – Parisienneries d'automne – La Chambre rentre – Une noce au fromage – Un falzar chez la Colonelle – Le dernier soir – Une tenue négligée – La fidélité de Madame Floche – Des vicieux – Banalités – La rencontre – L'aventure.

In *Gens qui rient:*
Fleurs et fruits d'arrière-saison – Bals musette.

In *Eve:*
L'Inconnue.

In *Paris-Soir:*
Premier anniversaire (18. Januar)
In *Paris-Plaisirs:*
Madeleine-Bastille en douze arrêts galants – Le rouge
et le noir – L'art d'être nue – Le nu déshabillé – Le nu
tout nu – D'un nu à l'autre – Des tabourets du Cli-
quet's Bar.
In *Le Merle Blanc:*
Aïda – Une tête de poire – Un monsieur pointilleux –
Le gigot – Le corbillard – Les cacahuètes – Le dernier
mot – Un ami scrupuleux.
In *Le Rire:*
Planchard et son taxi – La chambre de bonne – Signe
d'argent – L'homme qui voulait être cocu – La
treizième chemise – Le truc de Pouillard – Monsieur
Pomme cocaïnomane – Machechose exagère – Un veau
– Combinaison de vacances – Une arrivée sensation-
nelle.
In *Le Sourire:*
Le danseur inconnu – Les pieds sensibles – L'autobus
en folie – Le placard aux amants – L'appartement des
Fermato – Variante sur le drame à trois – Un virtuose
– Une petite femme démonstrative.
In *Frou-Frou:*
C'est dans le métro – Une petite femme délicate –
Méprise – La dame masquée – Chastes étreintes –
Histoires immorales – Un monsieur susceptible – Des
amants candides – Monsieur Tiburce marchand
d'amour – L'amour au balcon – Le réveillon aux pan-
talons – Une simple erreur – Le carquois épuisé –
Délicatesse – Modernisme – Le masque pâle – Madame
triche – L'amant nature – L'anguille sous roche –
Rancœur – Rebecca femme entretenue – Allô Kléber –

Politesses – Un cercle bougrement vicieux – Pantomimes
– Un saligaud – Cinq de l'après-midi – Piston – Un
travesti suggestif – Mariage d'inclination – Yvon et
Yves – Jolis cadeaux – Un homme – Conditions draco-
niennes – Un grand seigneur – Barbillon d'avril – De
citron – Pâques jaunes – L'épouvantable aventure –
Petits trucs de printemps – Polissonneries de saison –
La jupe croisée – Savoir y faire – Un bon fils – La
catastrophe – Caoutchouc – L'oncle Isidore – Accom-
modements – Lucile et Eugénie – Un monsieur vrai-
ment tout rond – Un honnête homme – Un malhonnête
homme – Un cochon de cocu – Les mœurs – Sous bois –
Bobette et le photographe – La culotte rose – Question
de poitrine – Tombons l'amour – Icul – Comparaisons
– Pas trop n'en faut – Le mari lumineux – Partouzes
et surprises – Un très fâcheux oubli – Monsieur Bob –
Le pavillon à musique – Un procès très américain
– Occasion providentielle – Les vacances de Lebillard –
Le bandit corse – Touche étouffait – Les bonnes amies
– Moi dit l'un – Confidences d'un valet de chambre –
Confidences d'une femme de chambre – Amours mon-
daines – Amours vénales – Initiations – Vicieuses –
D'un trottoir à l'autre – Hiver, ô bel hiver – Hiver,
infâme hiver – Entre portiers du ciel – Bals musette –
Bals mondains – Le réveillon des Loiseau.

1926

In *Le Matin:*
Le Fakir – S.O.S. – Le beau roman – Le mousse – Le
train de nuit – Le flacon – Les cyclamens – L'exemple –
Le couple – Soupçons – Un beau joueur – Dénouement
– Un brave homme – Le portrait – Le porte-bonheur –

Le beau train bleu – Trichet – Le Ridicule – Le chien
loup – Le bahut – L'amiral – Irma – L'Ours – Lettres
d'amour – Le vaccin – Le solliciteur – Le colonel – Les
vibrants.

In *L'Humour:*

Une femme à scrupules – Le Phonographe – A peu près
– L'occasion – Les chaussettes – Le scandale – La
moustache – Flagrant délit – J'enlève ma chemise –
Piédestal – Le dégoût collecteur – Une combine – La
torpille – Le pot de fleurs – Coïncidences.

In *Sans-Gêne:*

Le nu réclame – L'amour en Egypte – Un homme sur
les toits – Du danger des courants d'air – L'adultère
sentimental – Un mensonge d'avant-garde – Le jeune
homme de trois heures – L'amour en famille – Une
pièce rare – Secrétariat particulier – L'amant à scrupules – L'amour et la volupté – Frais bocages –
L'enflure – Les tarifs de la ferme – Julien – Compli-
cations – Lettres d'affaires – Un vilain monsieur –
Chemise d'occasion – La bonne – Le danseur de Maman
– Essayages matrimoniaux – Un cas de conscience.

In *Paris-Flirt:*

La gaffe – Premier flirt – Tante Léontine – L'enivrant
baiser – La trace révélatrice – Le pont des soupirs –
Une femme à scrupules – Le français tel qu'on le parle
– Almanach de 1926 – Les treize vierges de Bouchamour
– La cicatrice – Simple histoire en timbres-poste – Les
bonnes vacances – On oublie toujours quelque chose –
Le coup de vent qui ferme la porte – Le message
ambigu – Une jeune fille.

In *Gens qui rient:*

Les six chutes d'une honnête femme – Avant, pendant,
après – Mon kodak de vacances – Bruits d'amour – La

fille du pharmacien – Aventures – Miettes d'amour – Couples en tout genre – Coins de rues – Rideaux entr'ouverts.

In *Lectures de Quinzaine:*
Un malade – Coïncidence – La vieille – L'ondée – La gifle.

In *Paris-Plaisirs:*
Concorde-Dauphine en six hôtels plus ou moins particuliers – Montparnasse en six séances de pose – Montmartre en six noces – Cuisses nues, jambes en l'air – L'héritage – Griseries et voluptés – Sans chats – Leurs bas.

In *Le Sourire:*
Devoirs de vacances – Un fameux viol.

In *Frou-Frou:*
Quelques traits de caractère – Un amour au music-hall – Nuit de noces – Pauvre Cyprien – Muflerie de poète – Sec ou à l'eau – Danses lascives – L'autre – Etreintes – Madame Pouche et les Belles-Lettres – La main articulée – Préjugés – Une vengeance compliquée – Un garçon imperturbable – Hôtels meublés – Choses entendues – Masques et accessoires – Serpentins et confetti – L'impossible étreinte – Sempiternelle histoire – Le petit trottin – Sur les grands boulevards – L'odyssée d'un homme excité – L'affaire T – Petite fête – Loufoque – La gourde – A bâtons rompus – Des tourtereaux – La cicatrice – A la lanterne – Le docteur Trucul – M. Octave – Le paravent – La femme de chose – Innocence – Madame Amélie – Une histoire d'argent – Un diable d'homme – Où passer le 1er mai? – Hokala la noire – Les satyres – Une expérience concluante – Les cochons – Une épouse délicate – La bonne à tout faire – La boniche du 3e – Vie de château –

L'agent 7.260 *bis* – Vantardises – Femmes qui aiment – L'ocarina – Toutes ces dames au choix – La rencontre – Dames de bonnes maisons – Gardez le fox – Femmes nues – L'idylle artistique – Le monsieur nu – La dame des chaussettes – Deux ménages – Suivons le guide – Une dame et des messieurs – Monsieur Chose – Les dancings – Les succès de Joë – L'objet de convoitise – Virginie – Le 14 juillet – Humilité – Lili manucure – La bonne manière – Croquis de plages – On part, on part – Celles qu'on laisse à Paris – Les bonnes vacances – La servante d'hôtel – La maîtresse de Mascarin – L'oncle Arthur – Un amour de petit sein – Vacances parisiennes – Le cocu de mari – La dame en verdâtre – La dame en maillot – Choses entendues en vacances – Un mâle de choix – Chez l'habitant – L'initiatrice – Echange d'aménités – Alphonsine – Le maître baigneur – Yves et Nicolas – Les Pique-niques – Un voyeur – Un tempérament excessif – Dans les coins – L'ouverture – La chasseresse – L'astéroïde – Suivez le guide – Un véritable amateur – A huis clos – Choses qu'on dit en rentrant – On rentre – Souvenirs de vacances – Alice et Victor – Sa petite cousine – Les amours juives – La nouvelle bonne – Le vin nouveau – Le jeune homme intimidé – L'heure H – Une lamentable histoire – Maternité – Mathilde – Le dentiste – Le stock – No, no Harry – Le pantalon de la concierge – Les garçonnières – Sur le seuil – Les rastaquouères – Un bien beau mariage – On se déshabille – La bonne pipe – Le pot aux roses – La grosse Fafa – Dialogues entendus – Méprises – Catherine – La vraie nourrice – Ne rien perdre – La nourrice sèche – Mamuna – A matrices – Arts d'agrément – Professeurs – Une fameuse cuite – La nuit de Noël – Ce pauvre Ducouillon – Croquis de réveillon – Le jeune homme du 3ᵉ – Un sacré Noël – C'est Delphine qui invite – Le réveillon improvisé – Chez Monsieur Machin – Un sale type – Au Picratt's Bar – Choses entendues le jour de l'an – Empêchements – Vive l'an neuf – Etrennes.

In *Sans-Gêne:*

La veuve inconsolable – Karamazov et les quatorze râles – Le ménage Lafleur – Les maîtresses de ces messieurs – Les amants d'Irma – Etre sur le journal – Le Monsieur de la chambre 3 – L'homme aux douze étreintes – Au ventre qui remue – Un sacré bastringue – La leçon d'amour dans un train – Un jeune homme qui n'a rien dans le ventre – La dame en papier de soie – Une démarche flatteuse – L'amant multicolore – Attention à Héloïse.

In *Lectures de Quinzaine:*

Un malheureux – Douleur.

In *Paris-Plaisirs:*

Au temps des grandes Duchesses – Discrétions – Bob – Le Dieu à manivelles – Réparation – Le Maharadjah – Pâmoisons – Mon gigolo – Deux cœurs et des cocktails – Un mari nu.

In *Frou-Frou:*

Collection – Alcôve – Victor – Fils à Papa – Charmant enfant – A fleur de peau – Une grande joie – Une simple histoire d'amour – Choses vues – L'impuissant – Choses entendues – Vengeance – Légère erreur – Une aventure dans un train – Quelques stupidités – Le coup de foudre – Eugénie – La dame au chien – Un beau ménage – La vocation – Question de sauce – L'heure morne – L'odyssée de Lucien – L'irrésistible – Un bon garçon – Avertissement – Le séducteur – Une déveine – Un bougre – Une bougresse – A la hussarde – Parbleu

– Escarmouches – Le maquereau – Brave Justin – Une garçonnière délicieuse – Sept croquis de carnaval – Le pompier de service – Le pompier de ces dames – Souvenirs – L'aventurière – Une bonne partie – Poissons d'avril – La sève monte – Recettes – Les premières vacances – Très bien la bicoque – Dans la peau – Sécurité discrétion – Entre deux maux – Un événement – Sam suffit – Villa Mon Rêve – L'avant-dernier – L'amant de Madame Casse-Noix – A trois roues – Le monsieur qui a une auto – Le salaud de l'arbre – La feuille à l'envers – L'émotion – Partouzes et Partouzards – Exilé sentimental – Improvisation – Petite crapule va – Histoire de Nymphes – Au temps des nymphes et des satyres – La nuit du 14 au 15.

1928

In *Sans-Gêne:*
L'Ile déserte – Un cœur obstiné – La fiancée ineffable – Un garçon moderne – Les jurés folichons – Les Finalet veulent du vice – Les jambes de Madame Bignolet – Les soupirs d'Emma – Le Parisien.
In *Paris-Plaisirs:*
Véritable histoire d'adultère – Débuts – Le Piège – Un jeune homme délicat – La main – Amours – Ma femme est en bas.
In *Ric et Rac:*
Les violons de Terre-Neuva – Jérémie – L 53.
In *Frou-Frou:*
Les histoires du Barman – Un drôle de coco – La femme de quarante ans – Un oubli – De fil en aiguille – Boudoirs et placards – Mots d'amour – Ce sacré Eusèbe – En papoue, na – Un tendre – Choses vues et entendues

– Agitez – Les dents – Le contrôleur – L'amoureux de
Madame Chaume – L'éclusière – Tromper sa femme –
Types de femme – Un mélange – Types de casino – Le
truc de la cabine – Boby et sa sœur – La poule – Le
jeune homme – Le pont neuf – Une gamine insuppor-
table – Une autre – Le 4e monsieur – Une petite qui a
du cran – Drôle de type – Cornichon – La grosse
Bertha – Liquidation – Plus d'imprévus – Histoires
belges – Vieux chose.

1929

In *Ric et Rac:*
Le Bonhomme de Lagny – Le grappin de M. Sancette –
Fredo la Terreur – L'homme aux allumettes – L'assas-
sinat de la marquise – L'histoire des montres – Les trois
clients – Le coffre-fort d'acajou – La dame aux yeux
noirs – Le jeune homme pâle – Le nègre et la panthère
– Train 133 – Le yacht et la panthère – Le Rat du Quai
– Du dépôt au laboratoire – Le sacre de Napoléon –
D K V – Policier Mammouth – Je fais tourner les têtes
– Le Kaspern – La Veste – Le Monsieur de Papier – La
petite bonne vindicative – La femme étrange.

In *Paris-Plaisirs:*
Moune – Le jeune homme en bleu – L'amour des bêtes
– Le patron du petit bar – L'inconnu au coup de
chapeau – Jalousie – Ah les femmes – Le bijoutier
entreprenant – Raccommodage – Philantrophie –
Tendresse – Un monsieur qui n'en revient pas.

In *Frou-Frou:*
Une plaisanterie peu spirituelle – Cinq cents francs –
Un homme serviable – La grosse brute – Bon cœur –
Jeune homme – Empreintes – Héroïsme – Fleurs

d'occasion – Dignité – T. S. F. – Soir de bravoure –
Première chasse – Pluie – La jalousie d'Ernestine – De
petits polissons – De sales mômes – Un rude effronté –
Lisbeth et sa mère – L'oseille d'Emma – Cette chère
Ada – Le maître baigneur – Poste restante – Ce sera
à l'œil – L'entêtement – Monsieur Machin – Un incompris – Un divorce – Je ne suis pas celle . . . – Juliette –
Un homme fichu – La belle barbe – Joseph – Le chauf-
feur – Le bain de soleil – La grande brute – Un homme
tout rond – Le concombre.

1930

In *Ric et Rac:*
L'archiviste – Le vase de Delft – Les trois rats de quai
– Le yacht et la panthère – Le rat de quai.
In *Paris-Plaisirs:*
Les incartades de Madame Folette – Une dame dans
une avant-scène – Le petit bar – Gaston – La veine
et l'amour – Lettre anonyme – Dolly et Suzy – Un
homme délicieux – Croquis parisiens – Mots d'amour –
Une petite erreur – Une véritable aventure – Les bonnes vacances – Chacun son tour – Jean – Une vraie
surprise.
In *Frou-Frou:*
Le portrait de Monsieur Mig – La puce – En musique –
Cœur de lilas – A quatre mains – Incompris – L'homme
fleuri – Névralgies – Un type extraordinaire – Chambre
N° 17 – Les chocolats – Un drôle de mariage – Un chic
type – L'avancement de Monsieur Eugène – Une
histoire de . . . – Le pantalon de la concierge – Le cocu
scientifique – Faire ou ne pas faire – Une bonne surprise – Les Tacotot – Les 22 maîtresses – Eva – La

jeune fille aux gifles – La petite dame qui sourit –
Mademoiselle Betty – La vengeance en salade – Poste
restante – L'amour devant l'objectif – Dame à ména-
ger – Chacun son tour – Sollicitude – Un poison –
Tronçon a perdu une femme nue – Coucou – Les
portraits – Une histoire courte – Félix – Nénesse –
Politesse – Eloquence – Une petite connaisseuse –
Confidences – Une petite amie – A recommencer –
Monsieur le Comte – Le rabatteur – La tournée – Un
sale gosse.

1931

In *Vu:*
Sing-Sing ou la maison des trois marches.

In *Paris-Plaisirs:*
Le coup du jardin – Tendrement – La caméra – La
dame sourde – Le mari au tonneau – La vedette.

In *Frou-Frou:*
L'étui à cigarettes – Les souliers – Après – La noce –
L'homme bleu – Chéri Minet – L'escalier – Jojo à Lulu
– Ernest et Ernestine – Un cas de conscience – Dans
les coins – L'hirondelle – Prudence – Rencontre – Les
trois larrons – L'enfant du tamponnement – A recommencer – Monsieur le Comte – Le rabatteur – La
tournée – Un sale gosse.

1933

In *L'Intransigeant:*
La nuit du Pont-Marie – Moss et Hoch.

1935

In *Le Courrier Royal* (Erzählungen und Chroniken):

Histoires de partout et d'ailleurs – Non Monsieur . . . –
Ici Hollande – Hiérarchie congolaise – Les moules et
le député.
In *Frou-Frou:*
La gaffe – Cornichon.

1936

In *Le Courrier Royal (Erzählungen und Chroniken):*
L'enterrement, le petit garçon, la girl et l'urne aux
cendres – Un homme à sa place et des places à prendre
– De la maturité des fruits et des républiques – L'opi-
nion des autres – Une décoration bien méritée – Le
colonel national – Sous le signe de l'asticot.

b) Groschenromane

*Die Romane erschienen bei Tallandier, in der Biblio-
théque des Grandes Aventures, sowie der Serie Crimi-
nels et Policiers. Bei Arthème Fayard in den Reihen:
Le Livre Populaire, Le Roman complet oder L'Aventure. Bei Ferenczi in den Reihen: Le Petit Roman,
Voyages et Aventures, Mon Livre Favori, Le Petit
Livre. Bei den Editions Prima in der Collection Gau-
loise.*

*Von diesen Romanen sind einige nicht erhalten. Die
folgende Liste erhebt keinen Anspruch auf Vollstän-
digkeit.*

1921

Au Pont des Arches, Georges Sim (Bénard S. A., Liège).
Le Bouton de Col (nicht erschienen)
Jehan Pinaguet (nicht erschienen)

1924

Le Roman d'une dactylo, Jean du Perry (Ferenczi).

Amour d'Exilée, Jean du Perry (Ferenczi).

1925

L'Oiseau blessé, Jean du Perry (Ferenczi).

La fiancée fugitive, Jean du Perry (Ferenczi).

Entre deux haines, Jean du Perry (Ferenczi).

Ceux qu'on avait oubliés, Jean du Perry (Ferenczi).

Pour qu'il soit heureux, Jean du Perry (Ferenczi).

A l'assaut d'un cœur, Jean du Perry (Ferenczi).

Pour le sauver, Jean du Perry (Ferenczi).

La Prêtresse des Vaudous, Christian Brulls (Tallandier).

Etoile de cinéma, Georges d'Isly (Rouff).

Au grand 13, Gom Gut (Prima).

Aux 28 négresses, Gom Gut (Prima)

Plaisir charnel, Gom Gut (Prima).

1926

Les yeux qui ordonnent, Jean du Perry (Ferenczi).

De la rue au bonheur, Jean du Perry (Ferenczi).

L'orgueil d'aimer, Jean du Perry (Ferenczi).

L'heureuse fin, Jean du Perry (Ferenczi).

Amour d'Afrique, Jean du Perry (Ferenczi).

Celle qui est aimée, Jean du Perry (Ferenczi).

Un péché de jeunesse, Jean du Perry (Ferenczi).

L'orgueil qui meurt, Georges Martin (Le Livre National).

Nox l'insaisissable, Christian Brulls (Ferenczi).

Se Ma Tsien le Sacrificateur, Christian Brulls (Tallandier).

Que ma mère l'ignore! Jean du Perry (Ferenczi).
Les larmes avant le bonheur, Georges Sim (Ferenczi).
Nichonette, Luc Dorsan (Prima).
Histoire d'un pantalon, Luc Dorsan (Prima).
Nuit de noces, Luc Dorsan (Prima).
Mémoires d'un vieux suiveur, Luc Dorsan (Prima).
Nini violée, Luc Dorsan (Prima).
La noce à Montmartre, Gom Gut (Prima).
Liquettes au vent, Gom Gut (Prima).
Une petite très sensuelle, Gom Gut (Prima).
Un viol aux »Quat'z Arts«, Gom Gut (Prima).
Perversités frivoles, Gom Gut (Prima).
Voluptueuses étreintes, Gom Gut (Prima).
Orgies bourgeoises, Gom Gut (Prima).

1927

Défense d'aimer, Georges Sim (Ferenczi).
Les voleurs de navires, Georges Sim (Tallandier).
Le cercle de la soif, Georges Sim (Ferenczi).
Le feu s'éteint, Georges Sim (Fayard).
Paris leste, Georges Sim (Prima).
Un monsieur libidineux, Georges Sim (Prima).
La Pucelle de Benouville, Luc Dorsan (Prima).
L'homme aux douze étreintes, Gom Gut (Prima).
Etreintes passionnées, Gom Gut (Prima).
Lili-Tristesse, Jean du Perry (Ferenczi).
Un tout petit cœur, Jean du Perry (Ferenczi).

1928

Le secret des lamas, Georges Sim (Tallandier).
Les maudits du Pacifique, Georges Sim (Tallandier).

Le roi des glaces, Georges Sim (Tallandier).

Les nains des cataractes, Georges Sim (Tallandier).

Le sous-marin dans la forêt, Georges Sim (Tallandier).

Le monstre blanc de la Terre de Feu, Georges Sim (Ferenczi).

Le semeur de larmes, Georges Sim (Ferenczi).

Songes d'été, Georges Sim (Ferenczi).

Le sang des gitanes, Georges Sim (Ferenczi).

Aimer d'amour, Georges Sim (Ferenczi).

Le lac d'angoisse, Georges Sim (Ferenczi).

Miss Baby, Georges Sim (Fayard).

Les Cœurs perdus, Georges Sim (Fayard).

Chair de beauté, Georges Sim (Fayard).

Le désert du froid qui tue, Christian Brulls (Ferenczi).

Annie danseuse, Christian Brulls (Ferenczi).

Mademoiselle X, Christian Brulls (Fayard).

Dolorosa, Christian Brulls (Fayard).

Les adolescents passionnés, Christian Brulls (Fayard).

Le document violet, Christian Brulls (Fayard).

La maison des disparus, Christian Brulls (Fayard).

L'amour méconnu, Jean Dorsage (Ferenczi).

Cœur exalté, Jean du Perry (Fayard).

Le fou d'amour, Jean du Perry (Fayard).

Un jour de soleil, Jean du Perry (Fayard).

Les amants de la mansarde, Jean du Perry (Fayard).

Trois cœurs dans la tempête, Jean du Perry (Fayard).

Cabotine, Georges-Martin Georges (Ferenczi).

Aimer, mourir, Georges-Martin Georges (Ferenczi).

Les cœurs vides, Georges-Martin Georges (Ferenczi).

Un soir de vertige, Georges-Martin Georges (Ferenczi).

Brin d'amour, Georges-Martin Georges (Ferenczi).

Haïr à force d'aimer, Gaston Vialis (Ferenczi).

Un petit corps blessé, Gaston Vialis (Ferenczi).

Un seul baiser, Jacques Dersonne (Ferenczi).
Bobette et les trois satires, Gom Gut (Prima).
Une petite dessalée, Luc Dorsan (Prima).
Un petit poison, Kim (Prima).
Le chéri de tantine, Kim (Prima).
L'amant fantôme, Gom Gut (Prima).
Les distractions d'Hélène, Gom Gut (Prima).

1929

La femme en deuil, Georges Sim (Tallandier).
L'île des hommes roux, Georges Sim (Tallandier).
Le Gorille-Roi, Georges Sim (Tallandier).
En robe de mariée, Georges Sim (Tallandier).
La panthère borgne, Georges Sim (Tallandier).
Un drôle de coco, Luc Dorsan (Prima).
Celle qui revient, Jean Dorsage (Ferenczi).
La Fiancée aux mains de glace, Georges Sim (Fayard).
Les Bandits de Chicago, Georges Sim (Fayard).
Les Contrebandiers de l'alcool, Georges Sim (Fayard).
Destinées, Georges Sim (Fayard).
La Femme qui tue, Georges Sim (Fayard).
La Maison sans soleil, Georges Sim (Fayard).
Le Roi du Pacifique, Georges Sim (Ferenczi).
L'Ile des Maudits, Georges Sim (Ferenczi).
Un drame au Pôle Sud, Christian Brulls (Fayard).
Captain S.O.S., Christian Brulls (Fayard).
L'amant sans nom, Christian Brulls (Fayard).
Les pirates du Texas, Christian Brulls (Ferenczi).
Deux cœurs de femme, Jean du Perry (Ferenczi).
L'épave d'amour, Jean du Perry (Ferenczi).
L'amour et l'argent, Jean du Perry (Ferenczi).
Le mirage de Paris, Jean du Perry (Ferenczi).

Cœurs de poupée, Jean du Perry (Ferenczi).
La Fille de l'Autre, Jean du Perry (Ferenczi).
Une femme a tué, Jean du Perry (Ferenczi).
Nuit de Paris, Georges-Martin Georges (Ferenczi).
Une ombre dans la nuit, Georges-Martin Georges
(Ferenczi).
Voleuse d'amour, Georges-Martin Georges (Ferenczi).
Le Parfum du Passé, Gaston Vialis (Ferenczi).
Trop beau pour elle, G. Violis (Ferenczi).
La Merveilleuse aventure, Jacques Dersonne (Ferenczi).
Hélas, je t'aime, Germain d'Antibes (Ferenczi).
Les deux maîtresses, Jacques Dossage (Ferenczi).
Les Mémoires d'un prostitué par lui-même, Vorwort
von Georges Sim (Prima).

1930

L'œil de l'Utah, Georges Sim (Tallandier).
Le Pêcheur de bouées, Georges Sim (Tallandier).
Le Chinois de San Francisco, Georges Sim (Tallandier).
L'Homme qui tremble, Georges Sim (Fayard).
La femme 47, Georges Sim (Fayard).
L'Inconnue, Christian Brulls (Fayard).
Mademoiselle Million, Georges Sim (Fayard).
Nez d'Argent, Georges Sim (Ferenczi).
Jacques d'Antifer, Roi des Iles du Vent, Christian
Brulls (Ferenczi).
Train de Nuit, Christian Brulls (Fayard).
Les Amants du Malheur, Jean du Perry (Ferenczi).
Celle qui passe, Jean Perry (Ferenczi).
Petite exilée, Jean du Perry (Ferenczi).
La puissance du Souvenir, Georges-Martin Georges
(Ferenczi).

Bobette mannequin, Georges-Martin Georges (Ferenczi).
La Double vie, Georges-Martin Georges (Ferenczi).
La Porte Close, Georges-Martin Georges (Ferenczi).
Le Bonheur de Lili, Georges-Martin Georges (Ferenczi).
Un nid d'amour, Georges-Martin Georges (Ferenczi).
Lili-Sourire, Gaston Vialis (Ferenczi).
Folie d'un soir, Gaston Vialis (Ferenczi).
La Femme ardente, Gaston Vialis (Ferenczi).
Les Etapes du Mensonge, Jacques Dersonne (Ferenczi).
Baisers mortels, Jacques Dersonne (Ferenczi).
Les Chercheurs de Bonheur, Jean Dorsage (Ferenczi).
Cœur de jeune fille, Jean Dorsage (Ferenczi).
Sœurette, Jean Dorsage (Ferenczi).

1931

L'homme de proie, Georges Sim (Fayard).
Les Errants, Georges Sim (Fayard).
Katia acrobate, Georges Sim (Fayard).
La Maison de la Haine, Christian Brulls (Fayard).
Les Forçats de Paris, Christian Brulls (Fayard).
Pour venger son père, Christian Brulls (Ferenczi).
L'Homme à la Cigarette, Georges Sim (Tallandier).
Marie-Mystère, Jean du Perry (Fayard).
Victime de son Fils, Jacques Dersonne (Ferenczi).
Ame de jeune fille, Gaston Vialis (Ferenczi).
Pauvre Amante, Jean du Perry (Ferenczi).

1932

La Fiancée du Diable, Georges Sim (Fayard).
L'Epave, Georges Sim (Fayard).

Matricule 12, Georges Sim (Ferenczi).
Fièvre, Christian Brulls (Fayard).
La Figurante, Christian Brulls (Fayard).
La Maison de l'inquiétude, Georges Sim (Tallandier).

1933

La Femme Rousse, Georges Sim (Tallandier).
Le Château des Sables Rouges, Georges Sim (Tallandier).
Deuxième Bureau, Georges Sim (Tallandier).
Le Paria des Bois sauvages, Georges Sim (Ferenczi).
Le Yacht fantôme, Georges Sim (Ferenczi).
Le Cercle de la Mort, Georges Sim (Ferenczi).
L'Ile de la Désolation, Christian Brulls (Ferenczi).
Le Lac des Esclaves, Christian Brulls (Ferenczi).
Le Naufrage du Pélican (Ferenczi).

1934

L'évasion, Christian Brulls (Fayard).
La Chasse au whisky, Christian Brulls (Ferenczi).
En route pour le bonheur, Maurice Pertuis (Ferenczi).
L'héritier du corsaire, Christian Brulls (Ferenczi).

1935

Le Bateau d'or, Georges Sim (Ferenczi).

1937

L'Ile empoisonnée, Christian Brulls (Ferenczi).
Seul parmi les gorilles, Christian Brulls (Ferenczi).

2. Werke von Georges Simenon

a) Der Maigret-Zyklus und die Kriminal-Geschichten

Pietr le Letton (Fayard, 1931).
M. Gallet, décédé (Fayard, 1931).
Le Pendu de Saint-Pholien (Fayard, 1931).
Le Charretier de la Providence (Fayard, 1931).
La Tête d'un Homme (Fayard, 1931).
Le Chien jaune (Fayard, 1931).
Un Crime en Hollande (Fayard, 1931).
La Danseuse du Gai Moulin (Fayard, 1931).
La Guinguette à Deux Sous (Fayard, 1931).
La Nuit du Carrefour (Fayard, 1931).
Le Port des Brumes (Fayard, 1932).
L'Ombre chinoise (Fayard, 1932).
Chez les Flamands (Fayard, 1932).
Le Fou de Bergerac (Fayard, 1932).
Liberty Bar (Fayard, 1932).
Les Treize Coupables, Erzählungen (Fayard, 1932).
Les Treize Mystères, Erzählungen (Fayard, 1932).
Les Treize Enigmes, Erzählungen (Fayard, 1932).
Au Rendez-Vous des Terre-Neuvas (Fayard, 1933).
L'Affaire Saint-Fiacre (Fayard, 1933).
L'Ecluse N° 1 (Fayard, 1933).
Maigret (Fayard, 1934).
Maigret revient, Erzählungen (Gallimard, 1942).
Le Petit Docteur, Erzählungen (Gallimard, 1943).
Les Dossiers de l'Agence O, Erzählungen (Gallimard, 1943).
Les Nouvelles Enquêtes de Maigret, Erzählungen (Gallimard, 1944).

Signé Picpus, Erzählungen (Gallimard, 1944).

La Pipe de Maigret, sowie *Maigret se fâche* (Presses de la Cité, 1947).

Maigret à New York (Presses de la Cité, 1947).

Maigret et l'Inspecteur malchanceux, Erzählungen (Presses de la Cité, 1947).

Les Vacances de Maigret (Presses de la Cité, 1948).

Maigret et son Mort (Presses de la Cité, 1948).

La Première Enquête de Maigret (Presses de la Cité, 1949).

Mon Ami Maigret (Presses de la Cité, 1949).

Maigret chez le Coroner (Presses de la Cité, 1949).

L'Amie de Madame Maigret (Presses de la Cité, 1950).

Maigret et les Petits Cochons sans Queue, Erzählungen (Presses de la Cité, 1950).

Maigret et la Vieille Dame (Presses de la Cité, 1950).

Les Mémoires de Maigret (Presses de la Cité, 1951).

Un Noël de Maigret, Erzählungen (Presses de la Cité, 1951).

Maigret au Picratt's (Presses de la Cité, 1951).

Maigret en meublé (Presses de la Cité, 1951).

Maigret et la Grande Perche (Presses de la Cité, 1951).

Maigret, Lognon et les Gangsters (Presses de la Cité, 1952).

Le Revolver de Maigret (Presses de la Cité, 1952).

Maigret et l'Homme du Banc (Presses de la Cité, 1953).

Maigret a peur (Presses de la Cité, 1953).

Maigret se trompe (Presses de la Cité, 1953).

Maigret à l'Ecole (Presses de la Cité, 1954).

Maigret et la Jeune Morte (Presses de la Cité, 1954).

Maigret chez le Ministre (Presses de la Cité, 1954).

Maigret et le Corps sans Tête (Presses de la Cité, 1955).

Maigret tend un Piège (Presses de la Cité, 1955).

Un Echec de Maigret (Presses de la Cité, 1956).

Maigret s'amuse (Presses de la Cité, 1957).

Maigret voyage (Presses de la Cité, 1958).

Les Scrupules de Maigret (Presses de la Cité, 1958).

Maigret et les Témoins récalcitrants (Presses de la Cité, 1959).

Une Confidence de Maigret (Presses de la Cité, 1959).

Maigret aux Assises (Presses de la Cité, 1960).

Maigret et les Vieillards (Presses de la Cité, 1960).

Maigret et le Voleur paresseux (Presses de la Cité, 1961).

Maigret et les Braves Gens (Presses de la Cité, 1962).

Maigret et le Client du Samedi (Presses de la Cité, 1962).

Maigret et le Clochard (Presses de la Cité, 1963).

La Colère de Maigret (Presses de la Cité, 1963).

Maigret et le Fantôme (Presses de la Cité, 1964).

Maigret se défend (Presses de la Cité, 1964).

La Patience de Maigret (Presses de la Cité, 1965).

Maigret et l'Affaire Nahour (Presses de la Cité, 1967).

Le Voleur de Maigret (Presses de la Cité, 1967).

Maigret à Vichy (Presses de la Cité, 1967).

Maigret hésite (Presses de la Cité, 1968).

L'Ami d'Enfance de Maigret (Presses de la Cité, 1968).

Maigret et le Tueur (Presses de la Cité, 1969).

Maigret et le Marchand de Vin (Presses de la Cité, 1969).

La Folle de Maigret (Presses de la Cité, 1970).

Maigret et l'Homme tout seul (Presses de la Cité, 1971).

Maigret et l'indicateur (Presses de la Cité, 1971).

Maigret et Monsieur Charles (Presses de la Cité, 1972).

b) Non-Maigret-Romane und -Erzählungen

Le Passager du »Polarlys« (Fayard, 1932).
Le Relais d'Alsace (Fayard, 1933).
Les Gens d'en face (Fayard, 1933).
L'Ane Rouge (Fayard, 1933).
La Maison du Canal (Fayard, 1933).
Les Fiançailles de Monsieur Hire (Fayard, 1933).
Le Coup de Lune (Fayard, 1933).
Le Haut mal (Fayard, 1933).
L'Homme de Londres (Fayard, 1934).
Le Locataire (Gallimard, 1934).
Les Suicidés (Gallimard, 1934).
Les Pitard (Gallimard, 1934).
Les Clients d'Avrenos (Gallimard, 1935).
Quartier nègre (Gallimard, 1935).
L'Evadé (Gallimard, 1936).
Les Demoiselles de Concarneau (Gallimard, 1936).
45° à l'Ombre (Gallimard, 1936).
Long Cours (Gallimard, 1936).
Faubourg (Gallimard, 1937).
L'Assassin (Gallimard, 1937).
Le Blanc à Lunettes (Gallimard, 1937).
Le Testament Donadieu (Gallimard, 1937).
Ceux de la Soif (Gallimard, 1938).
Les Sept Minutes, Erzählungen (Gallimard, 1938).
Les Rescapés du Télémaque (Gallimard, 1938).
La Mauvaise Etoile, Erzählungen (Gallimard, 1938).
Chemin sans Issue (Gallimard, 1938).
Touriste de Bananes (Gallimard, 1938).
L'Homme qui regardait passer les Trains (Gallimard, 1938).
Les Trois Crimes de mes Amis (Gallimard, 1938).

M. La Souris (Gallimard, 1938).
La Marie du Port (Gallimard, 1938).
Le Suspect (Gallimard, 1938).
Les Sœurs Lacroix (Gallimard, 1938).
Le Cheval Blanc (Gallimard, 1938).
Le Coup de Vague (Gallimard, 1939).
Chez Krull (Gallimard, 1939).
Le Bourgmestre de Furnes (Gallimard, 1939).
Les Inconnus dans la Maison (Gallimard, 1940).
Malempin (Gallimard, 1940).
Cour d'Assises (Gallimard, 1941).
La Maison des Sept Jeunes Filles (Gallimard, 1941).
L'Outlaw (Gallimard, 1941).
Bergelon (Gallimard, 1941).
Il pleut, bergère (Gallimard, 1941).
Le Voyageur de la Toussaint (Gallimard, 1941).
Oncle Charles s'est enfermé (Gallimard, 1942).
La Veuve Couderc (Gallimard, 1942).
Le Fils Cardinaud (Gallimard, 1942).
La Vérité sur Bébé Donge (Gallimard, 1942).
Le Rapport du Gendarme (Gallimard, 1944).
La Fenêtre des Rouet (La Jeune Parque, 1945; jetzt bei Presses de la Cité).
L'Aîné des Ferchaux (Gallimard, 1945).
Les Noces de Poitiers (Gallimard, 1946).
Le Cercle des Mahé (Gallimard, 1946).
La Fuite de Monsieur Monde (La Jeune Parque, 1946; jetzt bei Presses de la Cité).
Trois Chambres à Manhattan (Presses de la Cité, 1946).
Au bout du rouleau (Presses de la Cité, 1947).
Le Clan des Ostendais (Gallimard, 1947).
Lettre à mon Juge (Presses de la Cité, 1947).
Le Destin des Malou (Presses de la Cité, 1947).

Le Bilan Malétras (Gallimard, 1948).

Le Passager clandestin (Presses de la Cité, 1948).

La Jument perdue (Presses de la Cité, 1948).

La Neige était sale (Presses de la Cité, 1948).

Le Fond de la Bouteille (Presses de la Cité, 1949).

Les Fantômes du Chapelier (Presses de la Cité, 1949).

Les Quatre Jours du Pauvre Homme (Presses de la Cité, 1949).

Un Nouveau dans la Ville (Presses de la Cité, 1950).

Les Volets verts (Presses de la Cité, 1950).

L'Enterrement de Monsieur Bouvet (Presses de la Cité, 1950).

Tante Jeanne (Presses de la Cité, 1950).

Le Temps d'Anaïs (Presses de la Cité, 1951).

Une Vie comme neuve (Presses de la Cité, 1951).

Marie qui louche (Presses de la Cité, 1951).

La Mort de Belle (Presses de la Cité, 1952).

Les Frères Rico (Presses de la Cité, 1952).

Antoine et Julie (Presses de la Cité, 1953).

L'Escalier de Fer (Presses de la Cité, 1953).

Feux rouges (Presses de la Cité, 1953).

Le Bateau d'Emile, Erzählungen (Gallimard, 1954).

Crime impuni (Presses de la Cité, 1954).

L'Horloger d'Everton (Presses de la Cité, 1954).

Le Grand Bob (Presses de la Cité, 1954).

Les Témoins (Presses de la Cité, 1955).

La Boule Noire (Presses de la Cité, 1955).

Les Complices (Presses de la Cité, 1955).

En cas de malheur (Presses de la Cité, 1956).

Le Petit Homme d'Arkhangelsk (Presses de la Cité, 1956).

Le Fils (Presses de la Cité, 1957).

Le Nègre (Presses de la Cité, 1957).

Strip-Tease (Presses de la Cité, 1958).

Le Président (Presses de la Cité, 1958).

Le Passage de la Ligne (Presses de la Cité, 1958).

Dimanche (Presses de la Cité, 1959).

La Vieille (Presses de la Cité, 1959).

Le Veuf (Presses de la Cité, 1959).

L'Ours en Peluche (Presses de la Cité, 1960).

Betty (Presses de la Cité, 1961).

Le Train (Presses de la Cité, 1961).

La Porte (Presses de la Cité, 1962).

Les Autres (Presses de la Cité, 1962).

Les Anneaux de Bicêtre (Presses de la Cité, 1963).

La Rue aux trois poussins, Erzählungen (Presses de la Cité, 1963).

La Chambre bleue (Presses de la Cité, 1964).

L'Homme au petit chien (Presses de la Cité, 1964).

Le Petit Saint (Presses de la Cité, 1965).

Le Train de Venise (Presses de la Cité, 1965).

Le Confessionnal (Presses de la Cité, 1966).

La Mort d'Auguste (Presses de la Cité, 1966).

Le Chat (Presses de la Cité, 1967).

Le Déménagement (Presses de la Cité, 1967).

La Prison (Presses de la Cité, 1968).

La Main (Presses de la Cité, 1968).

Il y a encore des Noisetiers (Presses de la Cité, 1969).

Novembre (Presses de la Cité, 1970).

Le Riche Homme (Presses de la Cité, 1970).

La Disparition d'Odile (Presses de la Cité, 1971).

La Cage de Verre (Presses de la Cité, 1971).

Les Innocents (Presses de la Cité, 1972).

3. Reportagen (Auswahl)

»Escales nordiques«, in *Le Petit Journal* (vom 1. bis 12. März 1931).

»Au fil de l'eau«, in *Le Figaro illustré* (1. Mai 1932).

»L'heure du nègre«, in *Voilà* (8. Oktober bis 12. November 1932).

»Europe 33«, in *Voilà* (18. März bis 29. April 1933).

»L'Afrique qu'on dit mystérieuse«, in *Police et Reportage* Nr. 1. (27. April 1933). (Signiert: Georges Caraman.)

»Les grands palaces européens«, in *Police et Reportage* Nr. 5. (25. Mai 1933). (Signiert: Georges Caraman.)

»Police judiciaire«, in *Police et Reportage* Nr. 9. (22. Juni 1933.) (Signiert: Georges Caraman.)

»Sa Majesté la Douane«, in *Voilà* (vom 1. bis 28. Januar 1933).

»La caravane du crime«, in *Détective* (28. September 1933).

»Une première à l'île de Ré«, in *Voilà* (7. Oktober 1933.)

»Chez Trotsky«, in *Paris-Soir* (15. und 16. Juni 1933).

»En marge de l'affaire Stavisky«, in *Paris-Soir* (25. Januar 1934 bis 11. Februar 1934).

»A la recherche de l'assassin du conseiller Prince«, in *Paris-Soir* (20. März 1934 bis 6. April 1934).

»La machine à suicider«, in *Excelsior* (1. März 1934).

»La Mafia«, dans *Excelsior* (10. März 1934).

»Si l'on voulait arrêter les coupables«, in *Excelsior* (25. März 1934).

»Peuples qui ont faim«, in *Le Jour* (April/Mai 1934).

»Des crimes vont être commis«, in *Je Sais Tout* (Mai 1934).

»Mare Nostrum (la Méditerranée en goélette)«, in *Marianne* (27. Juni bis 12. September 1934).

»Inventaire de la France, ou quand la crise sera finie«, in *Le Jour* (Oktober 1934).

»En marge des méridiens«, in *Marianne* (30. Januar; 6., 13., 20., 27. Februar; 3. April; 22. Mai; 11., 18., 25. September 1935).

»Les vaincus de l'aventure« (als Buch: *La Mauvaise Etoile*, Gallimard, 1938), in *Paris-Soir* (vom 12. bis 25. Juni 1935).

»Histoires du monde malade«, in *Le Jour* (vom 22. August bis 4. September 1935).

»Les gangsters dans l'archipel des amours«, in *Paris-Soir* (vom 17. bis 21. September 1935).

»Police-secours ou les nouveaux mystères de Paris«, in *Paris-Soir* (vom 6. bis 16. Februar 1937).

»Long cours sur les rivières et canaux«, in *Marianne* (12. Mai 1937). (Als Broschüre bei Editions Dynamo, Liège 1952.)

»Au chevet du monde malade«, in *France-Soir* (Dezember 1945).

»Un grand peuple en marche«, in *France-Soir* (Januar 1946).

»L'Amérique en auto«, in *France-Soir* (November 1946).

Zwei Sammelbände mit Reportagen erschienen unter den Titeln »A la decouverte de la Franc« und »A la recherche de l'homme nu«, hrsg. von Francis Lacassin und Gilbert Sigaux (Collection 10/18 Nr. 1052–53, 1976).

4. Vorworte

Ludo Patris: *L'Homme d'Ombre* (Editions de la Toison d'Or, 1942).

Arthur Omré: *Traqué* (Presses de la Cité, 1945).

Roxane Toplicéano: *Bagatelles et autres* (Fournier, 1946).

Jean Bouret: *Bernard Buffet,* »Les Cahiers de la peinture«, Nr. 4 (Achille Weber, 1958).

Paul Fort: *Ballades françaises et Chronique de France* (Flammarion, 1958).

Daniel Frasnay: *La Femme en France.* Album mit Photographien (Presses de la Cité, 1958).

Jean Ambrosi: *Commissaire de quartier* (Editions du Scorpion, 1959).

Quentin Ritzen: *Les Nervures de l'Etre* (Editions Rencontre et Plon, 1967).

Pierre Benoit: *Œuvres complètes.* Band 22 (Cercle du Bibliophile, 1967).

Bernard Buffet: *Lithographies 1952–1966* (Trinckvel, 1968).

Christian Strich [Hrsg.]: *Fellini's Filme* (Diogenes, 1976).

5. Autobiographische Schriften

Je me souviens (Presses de la Cité, 1945).

Pedigree (Presses de la Cité, 1948).

Le Roman de l'homme, Vortrag, gehalten in Brüssel am 3. Oktober 1958 (Presses de la Cité, 1960).

Quand j'étais vieux, Tagebücher 1960–63 (Presses de la Cité, 1970).

Lettre à ma mère (Presses de la Cité, 1974).

Un Homme comme un autre (Presses de la Cité, 1975).

Des traces de pas (Presses de la Cité, 1975).

Les Petits Hommes (Presses de la Cité, 1976).

6. TEXTE ÜBER EIGENE WERKE (Auswahl)

Les Gens d'en face (*Les Annales,* 1. November 1933).

Maigret reprend du service (*Le Jour,* 19. Februar 1934, anläßlich der Veröffentlichung des Maigret-Romans vom 20. Februar bis 15. März in dieser Zeitschrift).

Quartier nègre (anläßlich des Theaterstücks zum gleichnamigen Roman im Programmheft des Theaters Galeries Saint-Hubert, Brüssel, vom 11. Dezember 1936).

Sur les décors lointains (*Le Petit Parisien,* 24. Juni 1937, anläßlich der Veröffentlichung von *Les Rescapés de Télémaque* zwischen dem 25. Juni und 24. Juli in dieser Zeitschrift).

L'Assassin (Ankündigung des gleichnamigen Romans in den Cahiers d'annonces der *Nouvelle Revue Française,* Februar 1937).

Ceux de la Soif (dasselbe, ebenda Februar 1938).

La Marie du Port (dasselbe, ebenda November 1938).

La Maison des Sept Jeunes Filles (*Ciné-Mondial,* 26. Dezember 1941, zum Erscheinen des Films von Albert Valentin).

Pedigree (Vorwort für die Ausgabe von 1957, Presses de la Cité).

La Prison (Vorwort zum gleichnamigen Roman in der Zeitschrift *Constellation*, April 1968).

Außer dem zweiten sind sämtliche dieser Texte in den *Œuvres Complètes* enthalten.

7. ESSAYS, ARTIKEL, INTERVIEWS (Auswahl)

La Gazette de Liège, 25. März – 18. Dezember 1920. Berichte unterzeichnet mit Georges Sim oder Monsieur le Coq. In der genannten Zeit erschienen 28 Beiträge.

Revue Sincère (Brüssel), »Mes fiches« von Georges Sim. Unter diesem Titel erschienen 1923 sechs kleine Porträts, gewidmet Claude Farrère, Paul Fort, Léon Daudet, Tristan Bernard, Maurice Barrès und Henri Duvernois.

»Comment on écrit un roman policier«, *L'Eclair du Soir* (26. Februar 1932).

»A la providence du voyageur«, *Témoignages de notre Temps* (November 1933).

»Sixième continent«, ebenda (Dezember 1933).

»N'oubliez pas les tigres«, *Paris-Soir* (24. Februar 1934).

»Carlo Rim«, *Marianne* (4. April 1934).

»Les romans qu'on dit policiers«, ebenda (27. November 1935).

»Seul à Paris (Noël de l'écrivain)«, *l'Ouest-Eclair* (26. Dezember 1937).

»L'âge du roman«, *Confluences*, Lyon, Nr. 21–24 (Februar 1943). Enthalten in Band 17 der Œuvres Complètes.

»L'aventure«, *Les Etincelles*, Lyon (Editions de Savoie, 1945). In Band 8 der Œuvres Complètes enthalten.

»Le romancier«, *The French Review*, USA (Februar 1946). In Band 17 der Œuvres Complètes.

»Discours de réception« vor der Académie royale de langue et de littérature française de Belgique. Brüssel, 10. Mai 1952. Veröffentlicht im *Bulletin* der Académie. Juli 1952.

»Le dernier quart d'heure«, Textsammlung von Pierre Lhoste, *La Table Ronde* (1955). Der Text von Georges Simenon findet sich auf pp. 217–218.

»*Lettre à Jean Cocteau*« anläßlich seiner Aufnahme in die Académie française. In *Arts* (Oktober 1955).

»An interview on the art of fiction« von Carvel Collins. *The Humanities* No. 23, 1956. Wiederabgedruckt in dem Band *Writers at Work*, ed. by Malcolm Cowley (The Viking Press, New York 1958). Die deutsche Übersetzung des Werkes erschien unter dem Titel *wie sie schreiben* im Sigbert Mohn Verlag, Gütersloh o. J.

»Raimu le colosse«, *Arts* (18. Januar 1956).

»Le grand amour de Pierre Benoit«, *Les nouvelles littéraires* (8. März 1962).

»Un écrivain vous parle: Georges Simenon« (anonym) *Réalités* (November 1961).

»Simenon se présente«, Interview von Robert Sadoul, erschienen im Bulletin mensuel de la Guilde du Livre, Lausanne (Juli, August, September 1957).

»J'ai horreur de discuter littérature«, Paris, *Actualité littéraire* (April 1958).

Interview mit Georges Simenon, *Marie France* (Juni 1958).

»Simenon s'interroge«, *Arts* (12. November – 3. Dezember 1958).

Ansprache beim Congrès de la Féderation internationale des écrivains médecins, Montreux (Mai 1962). Erschienen in *Médecine et Hygiène*, Genf (27. Juni 1962) sowie in den *Nouvelles littéraires* (21. Juni). Enthalten in den Œuvres Complètes Band 38.

Interview mit Jean Cau, *Le Figaro littéraire* (16. Februar 1963).

Interview mit Pascal Bergues, *Lui* (März 1964).

»Quand Simenon et Fleming parlent métier«, *Le Figaro littéraire* (9. April 1964).

»Hommage à Pierre Mac Orlan«, *Revue des Belles Lettres* (Lausanne 1965).

»Mes débuts«, Brief an Georges Charensol, Chefredakteur der *Nouvelles littéraires*, anläßlich des Erscheinens der 2000. Ausgabe (30. Dezember 1965).

»Simenon raconte Simenon«, *Paris-Match*, Interview mit Gilbert Graziani (8. April 1967).

Interview mit Jacques Lanzmann, *Lui* (Juni 1967).

»Les confidences de Simenon« ou le génie de la création subconsciente. Fünf Ärzte haben Georges Simenon befragt. Zusammenfassung dieser Unterhaltung in *Médecine et Hygiène*, Genf (5. Juni 1968). Als Broschur auch bei Presses de la Cité (November 1968) unter dem Titel *Simenon sur le gril*.

»Simenon parle de Simenon«, *L'Express Rhône-Alpes* (November 1970). Interview mit Philippe Lifchitz. (Nach einer Fernsehsendung vom 22. Oktober 1970 im ORTF.)

8. ÜBERSETZUNGEN

Die Romane von Georges Simenon erschienen in
32 Ländern und 41 Sprachen.

a) Die Länder

Argentinien, Australien, Belgien, Brasilien, Bulgarien,
Ceylon, Chile, Dänemark, Deutschland, England,
Finnland, Frankreich, Griechenland, Holland, Island,
Israel, Italien, Japan, Jugoslawien, Neuseeland, Nor-
wegen, Polen, Portugal, Rumänien, Rußland, Schwe-
den, Schweiz, Spanien, Südafrika, Tschechoslowakei,
Ungarn, Vereinigte Staaten von Amerika.

b) Die Sprachen

Africaans, Armenisch, Buriatisch, Bulgarisch, Chile-
nisch, Dänisch, Deutsch, Englisch, Estnisch, Finnisch,
Flämisch, (Französisch), Griechisch, Hebräisch, Islän-
disch, Italienisch, Japanisch, Jiddisch, Katalanisch,
Kirgisisch, Litauisch, Mazedonisch, Moldauisch, Nor-
wegisch, Polnisch, Portugiesisch, Romantsch, Rumänisch,
Russisch, Schwedisch, Singhalesisch, Serbokroatisch, Slo-
wakisch, Slowenisch, Spanisch, Tartarisch, Tschechisch,
Ungarisch, Ukrainisch, Usbekisch, Weißrussisch.

9. Auswahlbibliographie von Werken und Aufsätzen über Georges Simenon

Robert Brasillach: »Le phénomène Simenon«, in *Les Quatre Jeudis*. Les Sept Couleurs, Paris (1944).

Carlo Bronne: »Simenon académicien«, *La Revue des Deux Mondes* (15. Mai 1952).

Id.: *Discours à Simenon*. Presses de la Cité, Paris (1952).

J.-C. Casals: *Simenon en su obra y en la vida*. Editorial Aldor, Barcelona (1957).

Léon Chenoy: »Propos sur Simenon«, *Thyrse* N° 1 (1952).

Henri Clouard: *Histoire de la Littérature française, du symbolisme à nos jours*. Band II, S. 325–326. Albin Michel (1962).

Fernand Desonay: »Georges Simenon romancier et académicien«, *La Revue générale belge* (1952).

Maurice Dubourg: *Petite Géographie de Simenon*. Brüssel, Fenêtre ouverte (1960).

Miron Grindea: Artikel über Simenon in der *Encyclopaedia Britannica* (1969).

C. Hanlet: »Simenon et le roman policier«, *Revue générale belge* (Januar 1952).

Marcel Hicter: »Un dimanche avec Simenon«, *Synthèses* (April 1952).

Ferendoun Hoveyda: »On demande l'inspecteur Maigret«, in *Petite Histoire du Roman policier*. Editions du Pavillon, Paris (1956).

Jean Jour: *Simenon et »Pedigree«*. Editions de l'Essai, Lüttich, Brüssel, Paris (1963).

René Kaech: »Figures de médecins«, in *La Littérature*

contemporaine. Editions Médecine et Hygiène, Genève (1959).

Cecil Day Lewis: *The New York Times Book Review* (12. November 1967).

Claude Mauriac: »Georges Simenon et le secret des hommes«, in *L'Alittérature Contemporaine.* Ed. Albin Michel (1958). Seither zahlreiche Artikel, besonders in *L'Express.*

Claude Menguy: *Bibliographie des Editions originales de Georges Simenon, y compris les œuvres publiées sous des pseudonymes« (Le Livre et l'Estampe,* Nᵒˢ 49–50, Brüssel 1967).

Marcel Moré: »Simenon et l'enfant de chœur«, *Dieu vivant* (1951).

Thomas Narcejac: *Le Cas Simenon,* Presses de la Cité (1950).

André Parinaud: *Connaissance de Georges Simenon,* Band 1. Presses de la Cité (1957). Mehr nicht erschienen.

Robert Poulet: »Georges Simenon«, *La Lanterne Magique* (1955).

John Raymond: *Simenon in Court, a study.* Hamish Hamilton ed., London (1968).

Anne Richter: *Georges Simenon et l'Homme désinté-gré.* La Renaissance du Livre (1966).

Quentin Ritzen: *Simenon, avocat des hommes,* Vorwort von Gilbert Sigaux. Le Livre contemporain (1961).

Claude Roy: *L'Homme en question,* pp. 282–287. Gallimard (1960).

Gilbert Sigaux: Vorwort zu *Coup de Lune,* Club français du Livre (1955). Editorische Notizen zu den Œuvres Complètes, Rencontre (1967–1970).

Roger Stéphane: *Le Dossier Simenon*. Robert Laffont (1961).

Léon Thoorens: »Georges Simenon romancier de la piste inutile«, *Revue générale Belge*, 15. März 1954.

Id.: *Qui êtes-vous Georges Simenon?* Editions Gérard (1959).

N. J. Tremblay: »Simenon's Psychological 'Westerns'«, *Arizona Quarterly*, N° 3 (Herbst 1954).

Pol Vandromme: *Georges Simenon*. Collection »Portraits«, N° 2. Brüssel (1962).

Bernard de Fallois: *Simenon*. Mit Texten von Henry Miller, Maurice de Vlaminck, Jean Cocteau, Paul Morand, Jean Renoir. Ausführliche Bibliographie und Filmographie. Gallimard (1971).

Francis Lacassin – Gilbert Sigaux: *Simenon*. Texte, Zeugnisse und Bibliographie. Erstveröffentlichung des vollständigen Briefwechsels zwischen Georges Simenon und André Gide. Plon (1973).

Zeitschriften-Sondernummern:

a) *Les Cahiers du Nord*, N°s 2–3, Charleroi (1939). Texte von André Gide, Jean Cassou, Max Jacob, Vlaminck, René Lalou, André Thérive, Pierre Mille, A. de Monzie, Raymond Escholier, Henri Lavedan, G. W. Stonier und Nestor Miserez (Hrsg. der Zeitschrift).

b) *Adam*, International Review, published by the University of Rochester (Rochester, NY). N°s 328–330 (1969). Artikel von Miron Grindea, Herausgeber von *Adam*, George Cirella, Zeugnisse von Agatha Christie, J. B. Priestley, Cecil Day Lewis, Storm Jameson, C. P. Snow, Henry Miller, Pamela Handford Johnson, Raymond Mortimer, Jean Cassou, Georg Svenson, Harold Hobson. Dazu Texte von Rayner Heppenstall, John Raymond, Thérèse de Saint-Phalle, Ivan Harrie, Eleonore Schreiber. *Bibliographie, filmographie et adaptations théâtrales de Georges Simenon,* von Claude Menguy. Faksimilierte Briefe von: Hermann von Keyserling, Jean Cocteau, Henry Miller und Georges Simenon. Englischer Text von Georges Simenon: *A novelist is a man who writes novels: I insist on the S.* Briefe von André Gide an Georges Simenon. (N. B. In den Nr. 340–342 [1970] derselben Zeitschrift erschien von Richard Austin: *Simenon's Maigret and Alfred Adler.)*

c) *Magazine Littéraire* N° 107 (Dezember 1975). Artikel von Claude Menguy, Francis Lacassin, Gilles Costaz, Jean-Didier Wolfromm. Mit einer bisher unveröffentlichten Novelle von Georges Simenon.

10. Deutschsprachige Arbeiten über Georges Simenon

Hans Altenhein: »Ein Traum von Maigret.« In: Jochen Vogt (Hrsg.), *Der Kriminalroman.* Siehe dort.

Jürg Altwegg: »Der Goethe der schweigenden Mehrheit. Georges Simenon: Ein Romancier auf der Suche nach dem nackten Menschen.« In *Die Zeit* Nr. 15, Hamburg (2. April 1976).

Jean Améry: »Das fleißige Leben des Georges Simenon. Diesseits und jenseits von Kommissar Maigret.«

In *Westermanns Monatsheft* Jg. 106, H. 7 (Juli 1965).

F. B.: »Ein Balzac unserer Tage. Das Wunder Simenon zwischen Literatur und Gebrauchsliteratur.« In *Der Monat* 106 (Juli 1957).

Boileau/Narcejac: *Der Detektivroman.* Aus dem Französischen und mit Anmerkungen und einer Bibliographie von Wolfgang Promies. Luchterhand, Neuwied-Berlin (1967). S. 124–126 u. ö.

Maria Ehing: »Der französische Kriminalroman und einer seiner hervorragendsten Vertreter: Georges Simenon.« In *Das Buch* II, Nr. IX (1950).

Helmut Heißenbüttel: *Über Literatur.* Walter, Olten (1966). S. 106 ff.

Georg Hensel: »Maigret und der Himbeergeist.« In *Die Weltwoche* Nr. 17 (28. April 1976).

Julian Symons: *Am Anfang war der Mord.* Wilhelm Goldmann, München (1972). S. 147 ff.

Jochen Vogt (Hrsg.): *Der Kriminalroman.* Zur Theorie und Geschichte einer Gattung. 2 Bde. Wilhelm Fink, München (1971).

Jürgen Wolf: »Technik der Schilderung und des Romanaufbaus bei Georges Simenon.« In *Die neueren Sprachen* 41 (1969).

Filmographie

1932   *La Nuit du Carrefour*. Regie: Jean Renoir.
       Mit Pierre Renoir (Maigret), Winna Winfried,
       Georges Koudria, Georges Térof, André Digni-
       mont, Jean Gehret, Michel Duran, Jean Mitry,
       Robert Dalban, Boulicot, Raabi, Jeanne Pier-
       son, Lucie Vallat, Odette Talazac.

1932   *Le Chien jaune*. Regie: Jean Tarride.
       Mit Abel Tarride (Maigret), Robert Le Vigan,
       Rolla Norman, Rosine Déréan, Lepers, Gildès,
       Jean Gobet, Paul Azaïs, Sylvette Fillacier.

1933   *La Tête d'un Homme*. Regie: Julien Duvivier.
       Mit Harry Baur (Maigret), Inkijinoff, Ale-
       xandre Rignault, Gaston Jacquet, Henri Echou-
       rin, Marie Bourdel, Louis Gauthier, Gina
       Manès, Line Noro, Missia, Damia.

1941   *Les Inconnus dans la Maison*. Regie: Henri
       Decoin.
       Mit Raimu, Juliette Faber, André Reybaz,
       Héléna Manson, Gabrielle Fontan, Mouloudji,
       Jean Tissier, Marc Doelnitz, Tania Fédor, Jac-
       ques Baumer, Noël Roquevert, Marguerite
       Ducouret, Jacques Grétillat, Lucien Coëdel,
       Raymond Cordy, Genia Vaury, Arthur
       Devère, Jacques Denoël, Pierre Ringel, André
       Brunot.

1941   *La Maison des Sept Jeunes Filles*. Regie: Albert Valentin.

Mit Marianne Hardy, Josette Daydé, Geneviève Beau, Solange Delporte, Primerose Perret, Gaby Andreu, Jacqueline Bouvier (die sieben jungen Mädchen), André Brunot, Jean Tissier, Jean Paqui, Jean Rigaux, René Bergeron, Marguerite Deval, Germaine Sainval.

1941   *Annette et la Dame blonde*. Regie: Jean Dréville.

Nach der Erzählung, die im Januar-Februar 1941 in *Pour Elle* erschien und 1963 in der Sammlung *La Rue aux Trois Poussins* wiederabgedruckt wurde. Mit Louise Carletti, Henri Garat, Mona Goya, Georges Rollin, Simone Valère, Rosine Luguet, Rexiane, Georges Chamarat.

1942   *Le Voyageur de la Toussaint*. Regie: Louis Daquin.

Mit Assia Noris, Jean Desailly, Jules Berry, Simone Valère, Gabrielle Dorziat, Roger Karl, Guillaume de Sax, Alexandre Rignault, Louis Seigner, Marguerite Ducouret, Mona Dol, Christiane Ribes, Serge Reggiani, Hubert Prélier, Jacques Castelot, Martial Rèbe.

1943   *Monsieur la Souris*. Regie: Georges Lacombe.

Mit Raimu, Aimé Clariond, Charles Granval, Gilbert Gil, Aimos, René Bergeron, Paul Amiot, Pierre Jourdan, Micheline Francey, Marie Carlot, Emile Genevois.

1943   *Les Gens d'en face*. (Italienischer Film.)

1943   *Picpus*. Regie: Richard Pottier.

Nach *Signé Picpus*.

Mit Albert Préjean (Maigret), Jean Tissier, Alcide Delmont, Juliette Faber, Guillaume de Sax, Gabriello, Noël Roquevert, Antoine Balpêtré, Pierre Palau, Henri Vilbert, Colette Régis, Gabrielle Fontan, Maximilienne, Héléna Manson, Marguerite Ducouret, Sinoël, Huguette Vivier.

1943 *L'Homme de Londres*. Regie: Henri Decoin.
Mit Fernand Ledoux, Suzy Prim, Jules Berry, Héléna Manson, Jean Brochard, Gaston Modot, René Génin, Mony Dalmès, Blanche Montel, Marcelle Monthil.

1943 *Cécile est morte*. Regie: Maurice Tourneur.
Mit Albert Préjean (Maigret), Santa Relli, Jean Brochard, Germaine Kerjean, Gabriello, Liliane Maigne, Luce Fabiole, Yves Deniaud, Marcel Carpentier, Marcel Raine, Marcel André, Henri Bonvallet, Henri Vilbert, Maurice Salabert, Charles Blavette.

1945 *Les Caves du Majestic*. Regie: Richard Pottier.
Mit Albert Préjean (Maigret), Suzy Prim, Denise Grey, Jean Marchat, Jacques Baumer, Denise Bosc, René Génin, Charpin, Gabriello, Gina Manès, Florelle, Marcel Levesque.

1947 *Panique*. Regie: Julien Duvivier. Adaptation und Dialoge: Charles Spaak.
Nach *Les Fiançailles de Monsieur Hire*.
Mit Michel Simon, Viviane Romance, Paul Bernard, Lucas Gridoux, Max Dalban, Lita Recio, Jenny Leduc, Michèle Auvray, Josiane Dorée, Suzanne Després.

1947 *Dernier Refuge*. Regie: Marc Maurette.
Nach *Le Locataire*.

Mit Raymond Rouleau, Mila Parély, Gisèle
Pascal, Jean Max, Noël Roquevert, Tramel,
Marcelle Monthil.

1948 *Le Port de la Tentation.* (Englischer Film. Originaltitel: *Temptation Harbour.*) Regie: Lance
Confort.

Nach *L'Homme de Londres,* englisch unter dem
Titel *Newhaven-Dieppe.*

Mit Robert Newton, Simone Simon, William
Hartnell, Marcel Dalio, Margaret Barton, Ed.
Rigby, Joan Hopkins.

1948 *Home-Town* (in England).

Nach *Faubourg.*

1948 *L'Homme de la Tour Eiffel.* (Französisch-ame-
rikanischer Film. Originaltitel: *The Man of the
Eiffel Tower.*)

Regie: Burgess Meredith und M. Allen.

Nach *La Tête d'un Homme.*

Mit Charles Laughton (Maigret), Franchot
Tone, Robert Hutton, Bill Phibbs, Joan Wal-
lace, Patricia Roc, Belita und Burgess Meredith.

1950 *La Marie du Port.* Regie: Marcel Carné.

Mit Jean Gabin, Blanchette Brunoy, Nicole
Courcel, Louis Seigner, Marie Marken, Claude
Romain, Julien Carette.

1951 *La Vérité sur Bébé Donge.* Regie: Henri
Decoin.

Mit Danielle Darrieux, Jean Gabin, Daniel Le-
courtois, Claude Génia, Gabrielle Dorziat, Jacqueline Porel, Gaby Bruyère, Jacques Castelot,
Marcel André, Madeleine Lambert, Juliette
Faber, Meg Lemonnier, A. Kristensen.

1952 *Paris-Express.* (Amerikanischer Film. Original-

titel: *The Man who watched the trains go by*.)
Regie: Harold French.
Nach *L'Homme qui regardait passer les Trains*.
Mit Claude Rains, Marta Toren.

1952   *Brelan d'As*. Regie: Henri Verneuil.
Film in Episoden, darunter eine Adaptation von
Témoignage de l'Enfant de Chœur.
Mit Michel Simon (Maigret) et Christian Four-
cade.

1952   *Le Fruit défendu*. Regie: Henri Verneuil.
Nach *Lettre à mon Juge*.
Mit Fernandel, Claude Nollier, Françoise
Arnoul, Sylvie, Raymond Pellegrin, René
Génin, Jacques Castelot, Fernand Sardou, Pier-
rette Bruno.

1952   *La Neige était sale*. Regie: Luis Saslavsky.
Mit Daniel Gélin, Valentine Tessier, Daniel
Ivernel, Marie Mansart, Vera Norman, Nadine
Basile, Antoine Balpêtré.

1955   *Maigret dirige l'Enquête*. Regie: Stany Cordier.
Film in Episoden, darunter eine Adaptation
von *Cécile est morte*.
Mit Maurice Manson (Maigret), Peter Walker,
Svetlana Pitoëff.

1956   *Le Sang à la Tête*. Regie: Gilles Grangier.
Nach *Le Fils Cardinaud*.
Mit Jean Gabin, Renée Faure, Paul Frankeur,
Georgette Anys, Monique Mélinand.

1957   *The Brothers Rico*. (Amerikanischer Film.)
Regie: Phil Karlson.
Nach *Les Frères Rico*.
Mit Richard Conte, Diana Foster, Kathryn
Grant.

1957   *Le Fond de la Bouteille.* (Amerikanischer Film.)
Regie: Henry Hathaway.

Mit Van Johnson, Joseph Cotten, Margaret
Hays, R. Roman.

1958   *Le Passager clandestin.* (Französisch-australi-
scher Film.) Regie: Ralph Habib.

Mit Martine Carol, Serge Reggiani, Arletty.

1958   *Maigret tend un Piège.* Regie: Jean Delannoy.

Mit Jean Gabin (Maigret), Annie Girardot,
Jean Desailly, Lucienne Bogaërt, Guy Decom-
ble, Hubert de Lapparent, Paulette Dubost,
Roger Lannes, Jeanne Boitel, Alfred Adam,
Jean Debucourt, Gérard Séty, Olivier Hus-
senot, Jean Tissier, Jane Marken, André Valmy,
Lino Ventura, Dominique Page, Maurice Sar-
fati, Raphaël Patorni, Nadine Basile.

1958   *En Cas de Malheur.* Regie: Claude Autant-
Lara. Adaptation und Dialoge: Jean Aurenche
und Pierre Bost.

Mit Jean Gabin, Brigitte Bardot, Edwige Feuil-
lère, Franco Interlenghi, Julien Bertheau,
Nicole Berger, Mathilde Casadesus, Madeleine
Barbulée, Jacques Clancy, Annick Allières,
Gabrielle Fontan.

1959   *Maigret et l'Affaire Saint-Fiacre.* Regie: Jean
Delannoy.

Nach *L'Affaire Saint-Fiacre.*

Mit Jean Gabin (Maigret), Valentine Tessier,
Michel Auclair, Robert Hirsch, Marcel Pérès,
Paul Frankeur, Michel Vitold, Jacques Morel.

1959   *Le Baron de l'Ecluse.* Regie: Jean Delannoy.

Mit Jean Gabin, Micheline Presle, Jean Desailly,
Jacques Castelot, Blanchette Brunoy, Alexandre

Rignault, Jean Constantin, Jacques Hilling, Robert Dalban, Louis Seigner, J.-P. Jaubert.

1960   *Simenon, Arbre à Romans.* (Schweizerischer Film.) Regie: Jean-François Hauduroy. Film-Reportage, gedreht in Echanden. Mit Michel Simon in der Rolle des »Président« für eine Teilverfilmung des Romans.

1961   *La Mort de Belle.* Regie: Edouard Molinaro. Adaptation und Dialog: Jean Anouilh.
Mit Jean Desailly, Alexandra Stewart, Monique Mélinand, Yvette Etievant, Jacques Monod, Marc Cassot, Yves Robert, Maurice Teynac.

1961   *Le Président.* Regie: Henri Verneuil. Adaptation von Maurice Druon.
Mit Jean Gabin, Bernard Blier, Alfred Adam, Renée Faure.

1962   *Le Bateau d'Emile.* Regie: Denys de La Patellière. Adaptation und Dialog von Michel Audiard.
Mit Lino Ventura, Annie Girardot, Michel Simon, Pierre Brasseur.

1963   *L'Aîné des Ferchaux.* Regie: Jean-Pierre Melville. Adaptation und Dialog vom Regisseur.
Mit J.-P. Belmondo, Charles Vanel, Michèle Mercier, Andrex, André Certes, Barbara Sommers.

1963   *Maigret voit rouge.* Regie: Gilles Grangier.
Nach Maigret, *Lognon et les Gangsters.*
Mit Jean Gabin (Maigret), Françoise Fabian, Vittorio Sampoli, Marcel Bozzufi, Paulette Dubost, Armontel, Guy Decomble, Paul Carpentier, Edouard Meers, Ricky Cooper.

1965   *Trois Chambres à Manhattan.* Regie: Marcel Carné.

Mit Maurice Ronet, Annie Girardot, Roland Lesaffre, O. E. Hasse, Gabriel Ferzetti.

1967 *Le Commissaire Maigret à Pigalle.* (Italienischer Film. Originaltitel: *Maigret à Pigalle.*) Nach *Maigret au Picratt's.*
Mit Gino Cervi (Maigret), Lila Kedrova, Alfred Adam, Raymond Pellegrin.

1967 *Les Inconnus dans la Maison.* (Englischer Film. Originaltitel: *Stranger in the House.*) Regie: Pierre Rouve.
Mit Géraldine Chaplin, James Mason, Bobby Darin.

1968 *Maigret fait Mouche.* (Österreichischer Film. Originaltitel: *Maigret und sein größter Fall.*) Regie: Alfred Weidenmann.
Nach *La Danseuse du Gai-Moulin.*
Mit Heinz Rühmann (Maigret).

1971 *Le Chat* (Französischer Film).
Regie: Pierre Granier-Deferre
mit Simone Signoret, Jean Gabin

1971 *La Veuve Couderc* (Französischer Film).
Regie: Pierre Granier-Deferre
mit Alain Delon, Simone Signoret.

1973 *Le Train* (Französischer Film).
Regie: Pierre Granier-Deferre
mit Jean-Louis Trintignant, Romy Schneider.

1974 *L'Horloger d'Everton* (Französischer Film).
Regie: Bertrand Tavernier
mit Philippe Noiret, Jean Rochefort, Jacques Denis, Silvain Rougerie, Andrée Tainsy.

Theater-Bearbeitungen*

a) *Stücke*

Quartier nègre. Stück in drei Akten und sieben Bildern von Georges Simenon nach dem gleichnamigen Roman. Musik von Maurice Jaubert. Bühnenbild von R. Moulaert. Schauspieler: Jean-Pierre Aumont, Mayomi, Max Péral, Jean Croisier, etc. Premiere: Brüssel, Théâtre Royal des Galeries Saint-Hubert, 3. Dezember 1936 (bis zum 22. 12.).

Le Pavillon d'Asnières. Stück in drei Akten, nach *La Nuit de Sept Minutes.* Adaptation von Charles Méré und Robert Ancelin. Premiere: Paris, Théâtre de la Porte – Saint-Martin. 12. April 1943.

La Neige était sale. Stück in drei Akten von Georges Simenon und Frédéric Dard. Regie von Raymond Rouleau. Schauspieler: Raymond Rouleau, Daniel Gélin, Lucien Bogaërt. Premiere: Paris, Théâtre de l'Œuvre, 12. Dezember 1950.

Liberty Bar. Kriminalkomödie in drei Akten von Frédéric Valmain, nach dem gleichnamigen Roman von Georges Simenon. Regie von Jean Dejoux, mit Jean Morel als Maigret, Rellys, Georgette Anys, Frédéric Valmain, Mary Morgan. Kreiert in Paris im Théâtre Charles-de-Rochefort, am 17. Oktober 1955.

---

* Die Hörfunk- und Fernsehadaptationen sind zu zahlreich, um hier einzeln aufgeführt zu werden.

Le Flair du Petit Docteur. England, 1956 *(The Man who Ran Away).*

Liberty Bar. Adaptation von Giorgio Bandini. Premiere: Rom, 22. Oktober 1959.

Les Scrupules de Maigret. Adaptation von Charles Regnier. Premiere: Zürich 1960.

Maigret se trompe. Stück in drei Akten. Adaptation von Arturo Rigel. Premiere: Madrid 1960.

b) *Ballett*

La Chambre. Musik von Georges Auric. Bühnenbild von Bernard Buffet. Choreographie von Roland Petit. Erstaufführung in Paris, Théâtre des Champs-Elysées, 21. Dezember 1955.

Georges Simenon
im Diogenes Verlag

Als ich alt war
Tagebücher 1960–1963
Deutsch von Linde Birk
Deutsche Erstausgabe

Der Verdächtige
Roman. Deutsch von Eugen Helmlé
Deutsche Erstausgabe

Der Mörder
Roman. Deutsch von Lothar Baier
Deutsche Erstausgabe

Die Glocken von Bicêtre
Roman. Deutsch von Hansjürgen Wille und Barbara Klau
detebe 72

Brief an meinen Richter
Roman. Deutsch von Hansjürgen Wille und Barbara Klau
detebe 135/I

Der Schnee war schmutzig
Roman, Deutsch von Willi A. Koch
detebe 135/II

Die grünen Fensterläden
Roman. Deutsch von Alfred Günther
detebe 135/III

Im Falle eines Unfalls
Roman. Deutsch von Hansjürgen Wille und Barbara Klau
detebe 135/IV